W0039432

Schirner
Verlag

Beate Seebauer

Tiere und wie sie uns spiegeln

»Ich bin wie du«

Schirner
Verlag

Bildnachweis

Die Illustrationen im Buch stammen von www.fotolia.com:

#23181903 © leremy
#23733049 © Tanja Bagusat
#28888688 © lynea
#39811122 © lenka

ISBN 978-3-8434-1118-9

Beate Seebauer:
Tiere und wie sie uns spiegeln
Ich bin wie du!
© 2013 Schirner Verlag, Darmstadt

Umschlag: Aileen Roloff, Schirner, unter
Verwendung von #45009551 (© javier
brosch), www.fotolia.com
Lektorat: Dirk Grosser
Redaktion: Sarah Neumann, Schirner
Satz: Heike Wietelmann, Schirner
Printed by: ren medien, Filderstadt,
Germany

www.schirner.com

1. Auflage November 2013

Alle Rechte der Verbreitung, auch durch Funk, Fernsehen und
sonstige Kommunikationsmittel, fotomechanische oder vertonte
Wiedergabe sowie des auszugsweisen Nachdrucks vorbehalten

Inhaltsverzeichnis

Teil III Spiegelthemen
von Katzen und Menschen 83

Teil IV Spiegelthemen
von Pferden und Menschen 127

Einführung

Ich liebe meine Arbeit mit Tieren und Menschen. Es macht mir Freude, die Botschaften der Tiere an ihre Menschen weiterzugeben und damit zu einem besseren Verständnis zwischen Mensch und Tier beizutragen. Dadurch eröffnen sich für beide Seiten wunderbare Möglichkeiten der Kommunikation. Dass wir von unseren Tieren aber auch in Bezug auf uns selbst noch etwas lernen können, ist mir erst im Laufe der letzten Jahre gänzlich bewusst geworden. Geahnt habe ich das schon immer, doch verstanden hatte ich es nicht.

Vielen Menschen ist schon einmal gesagt worden, dass ihr Haustier ihnen etwas »spiegle«, sie auf etwas Bestimmtes hinweise.

In diesem Buch möchte ich Ihnen zeigen, wie Sie an Ihren Themen arbeiten und durch Ihren tierischen Freund Ihre eigenen Blockaden erkennen können. Es ist meistens nicht leicht, diese auf Anhieb zu erfassen, aber mithilfe spezieller Fallbeispiele möchte ich Ihnen dabei helfen, auch Ihr Thema zu erkennen.

Ich selbst durfte durch das Erkennen meines Themas viel für mich erfahren und vor allem manches auch aktiv verändern. Im Folgenden werde ich versuchen, mithilfe verschiedener Methoden Ihre Blockade aufzulösen und das Verhältnis zwischen Ihnen und Ihrem Tier zu verbessern. Denn eines ist gewiss: Sobald Sie anfangen, sich selbst zu verändern, werden sich auch die Energie und das Verhalten Ihres Tieres verändern.

Lassen Sie sich darauf ein, und freuen Sie sich auf viele Aha-Erlebnisse.

Herzlichst
Beate Seebauer

Teil I

Das Spiegel-Resonanzgesetz

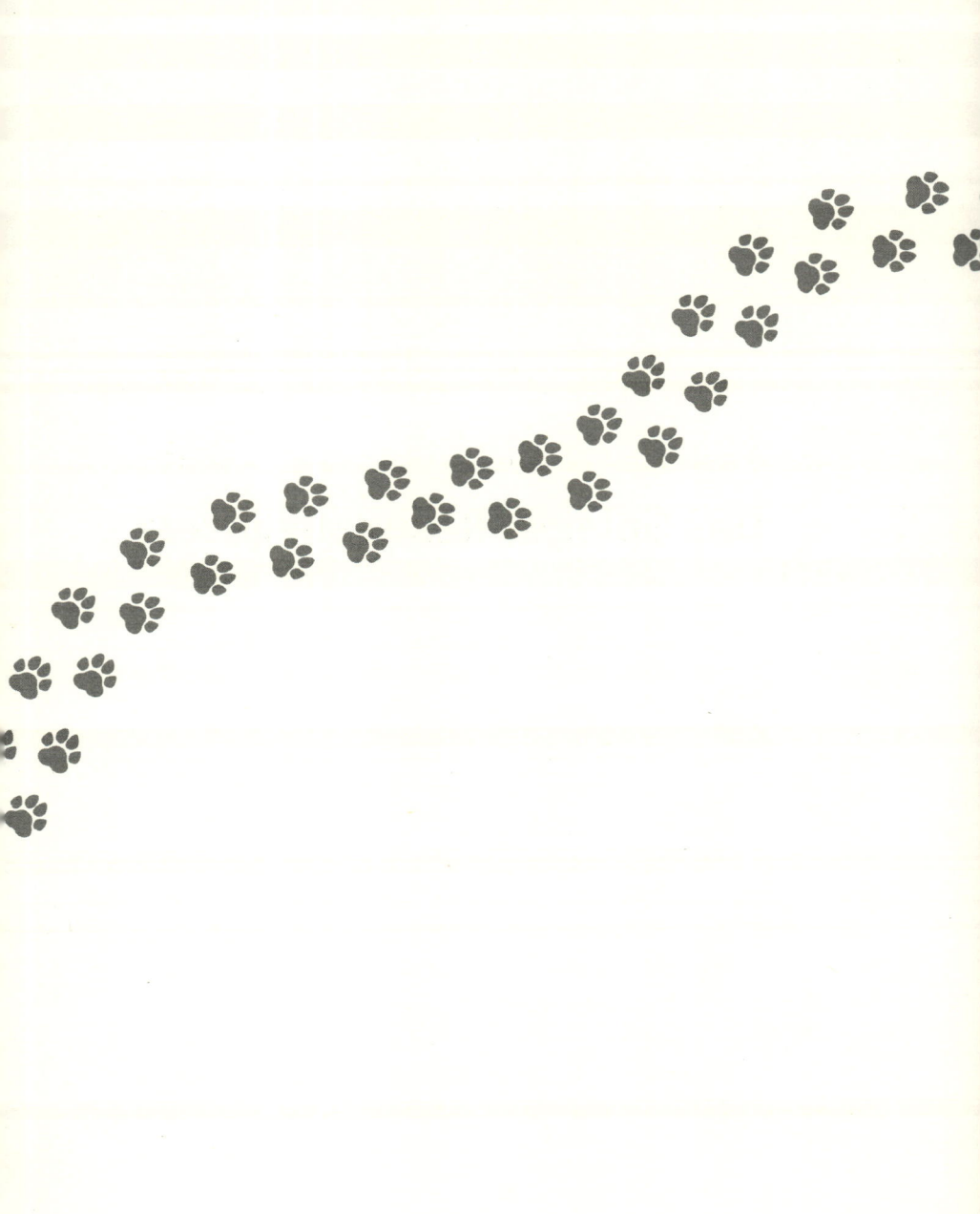

Wie oft schon habe ich den Satz gehört: »Der spiegelt dir etwas!« Und wie oft habe ich mir gedacht: »Was soll derjenige mir denn spiegeln?« Ich wehrte mich dagegen, denn das, was mir mein Gegenüber zeigte, gefiel mir nicht. Meistens stehen wir ja mit Verhaltensweisen in Resonanz, die wir nicht sonderlich gut finden, und diese dienen uns dann als Spiegel. Ein ums andere Mal sagte ich mir: »So ein Quatsch! Das kann man nicht so pauschal sagen, und nicht immer, wenn ich mich über etwas ärgere, möchte mir der andere etwas zeigen!« Ich habe mich mehr als einmal gefragt, welches Thema mir jemand ständig zeigen möchte und warum ich mich damit überhaupt befassen sollte. Geht es Ihnen auch so? Es ist anstrengend und nicht wirklich schön. Das, was ich nicht leiden kann und weswegen ich mich streite, soll jetzt auch noch mein Thema sein? Also wirklich! Wer hat sich das denn einfallen lassen? Und überhaupt: Was hat das Ganze mit mir zu tun? Leider viel!

Ehrlich, es fällt mir nicht leicht, das zu sagen, und die Erkenntnis traf mich selbst bis ins Mark. Ich wollte es nicht wahrhaben und nicht hören. Und jetzt kommt auch noch jemand, der feststellt, dass unsere Tiere genau das Gleiche mit uns tun. Reicht es nicht aus, dass uns Menschen einen Spiegel vorhalten und uns unsere eigenen Fehler präsentieren? Jetzt kommen auch noch unsere Tiere ins Spiel. Das Gute daran ist allerdings: Unsere Tiere bewerten uns nicht, sie urteilen nicht und lieben uns bedingungslos, auch mit unseren Fehlern. Dies macht es von daher für uns Menschen doch leichter. Ich habe bei meiner Arbeit immer wieder festgestellt, dass wir lieber zum Wohle unsere Tiere etwas verändern als zu unserem eigenen Wohle. Darum sollten wir das Ganze als das sehen, was es ist, als ein Geschenk. Ein Geschenk der Tiere an uns. Manche wissen vielleicht nicht, was das Spiegelgesetz ist oder wie es funktioniert. Darum möchte ich es hier erst einmal erläutern.

Jedes Mal, wenn wir mit unserem Gegenüber einen Disput haben, bei dem wir extrem in Resonanz gehen, also emotional auf die Situation reagieren, zeigt uns diese Person etwas auf. Ein Thema, hinter dem eine Emotion steckt, welche es zu entdecken gilt. Die Verhaltensweise, die uns am meisten ärgert, oder die uns am meisten stört, ist in uns selbst vorhanden. Ich weiß, dass das schrecklich klingt! Und ich weiß auch, wie viel Überwindung es kostet, sich dieses Verhalten genauer anzuschauen. Aber ich sage Ihnen: Es lohnt sich! Denn egal, wie Sie sich entscheiden, die Themen und Emotionen werden Ihnen so lange immer wieder begegnen, bis sie bereit sind, genauer hinzuschauen, um an sich zu arbeiten. Es gab bestimmt schon Situationen in Ihrem Leben, die Sie immer wieder erlebt haben, nur eben mit unterschiedlichen Menschen. So zeigt der neue Freund z. B. nach einer gewissen Zeit die gleichen Macken wie der vorherige Partner. Es geht hier um die Selbstverwirklichung und die eigene Persönlichkeitsentwicklung.

 *Erst wenn wir erkannt haben, was uns unser Gegenüber mit seinem Verhalten aufzeigen möchte, wenn wir den Spiegel, den er uns vorhält, akzeptieren und genauer hinschauen, erst dann haben wir die Möglichkeit uns weiterzuentwickeln.*

Wir dürfen erkennen, was bzw. wo es in unserem Leben nicht rund läuft, wo unsere Schwächen sind und welche – vielleicht auch negativen – Glaubenssätze wir haben. Sobald wir das erkannt haben, können wir es verändern.

Vielleicht fragen Sie sich: Ist das Leben nicht anstrengend genug? Sollte es nicht leichter sein? Nein! Leicht ist es in den seltensten Fällen, wenn wir ehrlich sind, doch es zu bewältigen, darf einfach sein. Und unsere Tiere helfen uns dabei. Für den einen mag das jetzt ganz furchtbar sein, dass unsere Tiere, die wir so sehr lieben, uns unsere Fehler zeigen, für den anderen nicht. Meine Erfahrungen als Tierkommunikatorin und Heilpraktikerin zeigen aber, wie ich schon sagte, dass wir Menschen eher bereit sind, etwas für uns selbst zu tun, wenn es unseren Tieren dadurch besser geht. Unsere Tiere versuchen, uns dabei zu unterstützen, unser Leben zu meistern. Es ist schön, wenn man schon innerhalb kurzer Zeit erkennt, dass etwas im eigenen Leben verkehrt läuft. Manche fragen sich jetzt vielleicht, ob das Tier deswegen einen Schaden nehmen kann. Nein, ich denke nicht, denn ich bin der Ansicht, dass die Tiere zu uns finden, die mit uns gemeinsam diese Lernerfahrung machen möchten. Allerdings denke ich auch, dass man irgendwann die Verantwortung selbst übernehmen muss.

Doch seien Sie nicht traurig oder ungehalten, und seien Sie nicht wütend auf sich selbst. Alles ist gut und wir werden gemeinsam Möglichkeiten finden, es noch besser zu machen.

Wann spiegelt mich mein Tier?

Manche Menschen denken, dass unsere Tiere uns ständig etwas aufzeigen, aber das ist nicht so. Ein Tier spiegelt uns nicht die ganze Zeit, und nicht jede seiner Handlungen hat etwas mit uns zu tun. Wie ich ja schon erwähnt habe, sind es genau die Momente, die uns aufstoßen oder die uns Sorgen machen, in denen uns unsere Tiere etwas spiegeln. In diesen Augenblicken sollte man ein bisschen genauer hinschauen und sich fragen: »Was könnte das jetzt mit mir zu tun haben?«

Ich habe einmal einen Artikel gelesen, in der eine Frau geschrieben hat: »Ich habe vier Katzen, und jede ist anders, demnach zeigen sie mir also vier verschiedene Facetten von mir auf.« Es mag sein, dass das Wesen unserer Tiere unserem eigenen Wesen ähnelt, dass es auch charakterliche Gemeinsamkeiten gibt – davon bin ich sogar überzeugt. Aber ich glaube nicht, dass dies etwas mit dem Spiegelgesetz zu tun hat. Wie heißt es so schön: Was du aussendest, bekommst du wieder zurück. Bist du nett, erhältst du Nettigkeit. Bist du bösartig, widerfährt dir Böses. Bist du ärgerlich, hast du es mit verärgerten Menschen oder Tieren zu tun. So könnte man die Liste ewig fortsetzen. Anhand eines Beispieles möchte ich Ihnen die ganze Tragweite noch einmal veranschaulichen.

Sicherlich kennen Sie diese Situation: Sie haben sich geärgert, der ganze Tag verlief nicht nach Wunsch, und je weiter er voranschritt, desto wütender und frustrierter wurden Sie. Endlich, der Arbeitstag neigt sich dem Ende zu, und es geht nach Hause. Schon an der Tür werden Sie von Ihrem Haustier begrüßt. Sie beachten es aber kaum, sondern lassen stattdessen Ihrem Unmut weiter freien Lauf. Jetzt möchten Sie etwas von Ihrem Tier. Angenommen, Sie leben mit einem Hund und erwarten, dass er zu Ihnen kommt. Ihr Hund ist aber aufmüpfig, hört nicht und macht nicht das, was Sie gerne hätten. Warum ist das so?

 Ihr Hund spürt Ihren Unmut und Ihre schlechte Laune und tut genau das, was er eigentlich nicht tun sollte. Dies führt dazu, dass Sie noch wütender werden.

Schauen wir uns die Situation aus der Sicht des Tieres an. Es hört den Schlüssel in der Tür und freut sich, dass der geliebte Mensch nach Hause kommt. Sobald Sie die Wohnung betreten, kommt es angelaufen und begrüßt Sie. Sie beachten Ihr Tier aber nicht. Das Energiefeld, das Ihren Körper umgibt, vibriert und Ihre Aura, der Lichtkörper um ihren Körper, leuchtet in einem kräftigen Rot, was »Vorsicht!« bedeutet. Ihr Tier wird Ihnen jetzt entweder aus dem Weg gehen oder mit seinem Verhalten Ihren Unmut noch mehr schüren, um Sie auf diesen aufmerksam zu machen. Es packt sich einen Hausschuh und kaut darauf herum, es hört nicht, wenn es gerufen wird, oder es tut etwas anderes, was Sie absolut nicht mögen. Ihr Liebling zeigt: »Hey, wenn du genervt bist, dann nerve ich dich noch mehr.« Es hält Ihnen einen Spiegel vor und sagt im Grunde: »Hallo, mein Freund, sobald du deine Energie veränderst, sobald du wieder normal bist, kann ich es auch wieder sein.« Nun kommt es ganz darauf an, wie Sie mit der Situation umgehen. Wenn Ihre Stimmung gleich bleibt, wird sich auch das Verhalten Ihres Tieres nicht verändern, und es wird weiterhin das Verhalten an den Tag legen, das Sie reizt. Sind Sie aber bereit, die Wut gehen zu lassen, indem Sie einfach tief durchatmen und dann mit einem Lächeln auf den Lippen Ihr Tier liebevoll begrüßen, wird es sofort freudig auf Sie zulaufen und sich ausgiebig streicheln lassen. Das Fazit: Alles ist wieder gut! Auch der Ärger, der Sie den ganzen Tag nicht losgelassen hat, wird in diesem Augenblick keine Rolle mehr spielen. Er wird einfach verschwunden sein und wenn Sie hinterher nicht wieder in die alte Energie zurückfallen, ist er Vergangenheit. Zurück bleibt ein Gefühl der Liebe, des Verständnisses und bedingungslosen Angenommenseins.

Das Tier nimmt die neue, positive Stimmung sofort an und reagiert seinerseits entsprechend positiv. Welcher Mensch kommt im Vergeleich dazu denn gleich freudig zu einem zurück, wenn man nur seine Stimmung verändert? Nach einer Abweisung dauert es manchmal Stunden oder gar Tage, bis sich die Wogen wieder geglättet haben. Bei Tieren ist das absolut nicht so.

 *Das Verhalten, das Sie an Ihrem Liebling am meisten stört, über das Sie sich am meisten aufregen, entspricht genau Ihren Themen. Sei es Unsicherheit, allgemeine Angst, mangelndes Vertrauen oder die Angst, die Kontrolle abzugeben.*

Vielleicht fragen Sie sich jetzt, ob Ihnen tatsächlich jede Verhaltensweise Ihres Tieres einen Spiegel vorhalten soll. Nein, sicherlich nicht. Allerdings ist es tatsächlich so, dass Tiere sich unserem Verhalten und unserem Wesen sehr angleichen. Man hört ja immer mal wieder die Aussage, dasss Tiere ihren Menschen sowohl im Aussehen als auch im Charakter ähneln, dass etwa der Hund genauso etepetete wirke wie sein Frauchen. Früher habe ich über solche Aussagen gelacht, aber sie treffen öfter zu, als man es wahrhaben möchte. Meine Freundin sagte z. B. vor Kurzem zu mir, dass sich meine Safi wie ich benehmen würde. Sie wisse genau, wie sie es anstellen muss, um die Dinge von mir zu bekommen, die sie möchte. Anscheinend tue ich das unbewusst auch. Ich sollte meine Freundin bei Gelegenheit noch einmal darauf ansprechen, denn: NEIN! So will ich doch ganz und gar nicht sein.

Wie ist es, wenn verschiedene Tiere in einem Haushalt leben? Spiegelt mir jedes Tier eine andere Facette meiner Persönlichkeit?

Diese Frage ist durchaus berechtigt, und ich sage: Ja! Wenn Sie einen Hund und eine Katze haben, könnte es durchaus sein, dass Ihnen der Hund Ängste und Unsicherheiten spiegelt, während die Katze Ihnen aufzeigt, dass Sie nicht loslassen können. Letzteres äußert sich z. B. darin, dass die Katze in das Haus uriniert oder etwas anderes macht, was Ihnen nicht gefällt.

Meine Arbeit als Tierkommunikatorin ist mir beim Herausfinden der Ursache eines solchen Verhaltens durchaus behilflich, doch auch wenn man nicht mental mit Tieren sprechen kann, gibt es die Möglichkeit, die Tiere zu beobachten, um herauszufinden, was sie uns aufzeigen möchten.

Wie ich schon erwähnte, zeigt sich in jedem Verhalten, das uns an unserem Liebling stört, eine Verhaltensweise, die wir selbst in uns tragen – ob nun bewusst oder unbewusst. Sollten mehrere Menschen mit einem oder mehreren Tieren zusammenleben, zeigen die Tiere immer denjenigen etwas auf, die in Resonanz mit einem Verhalten der Tiere gehen. Zum Beispiel das Bellen des Hundes. Während es den Mann stört, lässt es die Frau völlig unberührt. Jetzt gilt es nur noch herauszufinden, was das Bellen zu bedeuten hat, was sich zuweilen als das schwierigere Unterfangen herausstellen kann. Bevor wir jedoch im Folgenden auf die einzelnen Tierarten eingehen, möchte ich noch das Thema Krankheit und spiegeln beleuchten.

Tiere und unsere Krankheiten

Aufgrund meiner jahrelangen Arbeit mit Tieren und Menschen, kann ich Folgendes sagen: Das Phänomen, dass Tiere offenbar unsere Krankheiten übernehmen, wird oft gleichgesetzt mit: Ich bleibe gesund, und mein Tier wird für mich krank! Das empfinde ich als unstimmig. Auch nach längerer Überlegung ergibt diese Aussage für mich keinen Sinn. Angenommen, das wäre möglich, würden Tiere dann nicht in unser Leben eingreifen? Würden sie uns mit ihrem Verhalten nicht unsere Erfahrungen abnehmen? Erfahrungen, die wir für uns und unseren Körper machen wollen?

Hinter jeder Krankheit oder jedem Schmerz steht doch auch eine Botschaft. Zumindest sind viele Menschen davon überzeugt. Unser Körper möchte vielleicht, dass wir uns mehr Zeit für uns nehmen, dass wir uns mit unserem Körper auseinandersetzen, dass wir gesünder leben, unsere Ernährung umstellen, Sport machen und manches mehr. Würden wir das auch tun, wenn unser Tier anstelle von uns krank werden würde? Eine andere Überlegung für mich ist, dass wir selbst doch auch keinem anderen Menschen eine Krankheit abnehmen können. Warum sollte dies also einem Tier möglich sein bzw. was wäre der Nutzen für uns? Es würde zwar zum uneigennützigen Verhalten unserer Tiere passen und dazu, dass sie unsere Engel sind und alles für uns Menschen tun. Sie schenken uns Liebe, sie zeigen uns Missverständnisse in unserem Leben auf, die wir verändern sollten, sie sind loyal, und sie erwarten nichts. Von daher liegt dieses Denken, dieser Glaubenssatz, dass unsere Lieblinge uns unsere Krankheiten abnehmen, sehr nahe. Ich kann diese Anschauung aufgrund meiner Erlebnisse aber nicht teilen. Außerdem würde mir die Aussicht, dass mein Tier krank wird, damit ich gesund bleiben kann, überhaupt nicht gefallen. Ich möchte selbst die Verantwortung für mein Leben übernehmen, und jeder andere Tierbesitzer sollte das auch tun.

Andererseits kommt es aber vor, dass Haustiere mit den gleichen Organen Probleme haben wie ihre Menschen. Hier scheint es einen Zusammenhang zu geben, aus dem heraus man vielleicht verstehen kann, wenn jemand sagt:

 »Dein Tier nimmt dir etwas ab.«

Die Fragen, die wir uns stellen sollten, sind: »Was hat es zu bedeuten, dass mein Tier die gleichen Symptome zeigt wie ich? Liegt es daran, dass wir uns ähnlich sind? Worin liegt die Ursache dafür? Was hat das alles mit mir zu tun?«

Anhand einiger Beispiele möchte ich hierauf näher eingehen.

Nehmen wir einmal an, Sie hätten Probleme mit der Verdauung. Sie essen wenig und unregelmäßig, und Sie haben Stress bei der Arbeit. Außerdem wird Ihnen von manchen Lebensmitteln übel, weshalb Sie davon ausgehen, dass eine Unverträglichkeit gegen bestimmte Lebensmittel besteht. Ihre Katze oder Ihr Hund ist ebenfalls nervös. Das Tier findet keine Ruhe und wirkt oft angespannt. Es hat immer wieder Probleme mit der Verdauung, kratzt sich häufig und frisst unregelmäßig und ohne rechten Appetit.

Sie machen sich Sorgen um ihren Freund und versuchen alles, damit es ihm wieder gut geht. Zuerst gehen Sie zum Tierarzt, der eine leichte Gastritis (Magenschleimhautentzündung) feststellt. Sie verwenden anderes Futter, geben Medikamente, doch trotz allem wird es nicht besser. Sie versuchen verschiedene Therapieformen, aber nichts schlägt wirklich an. Irgendwann, nach langem Forschen, sprechen Sie mit einem Therapeuten, der nicht nur wissen möchte, wie es Ihrem Tier geht, sondern der auch etwas über Ihre Essgewohnheiten wissen möchte. Dieser Therapeut interessiert sich auch für Ihre Krankheitsgeschichte. Es könnte sein, dass Sie zuerst nicht verstehen, warum er etwas darüber wissen möchte. Seinen Fragen liegt die Annahme zugrunde, dass Ihr Tier Ihnen das eigene Essverhalten mit allen Symptomen spiegelt. Ihr vierbeiniger Freund zeigt in solchen Situationen: »Wir sind uns ähnlich, und wir haben die gleichen gesundheitlichen Themen. Ändere dein Essverhalten, und auch ich werde mein Essverhalten verändern. Du verträgst verschiedene Lebensmittel nicht, auch ich vertrage verschiedene Lebensmittel nicht. Du hast Stress, das bedeutet, dass auch ich Stress habe, der mir auf den Magen schlägt.«

Wenn Sie Ihr Augenmerk auf sich selbst richten und das eigene Verhalten ändern, wird sich auch das Verhalten des Tieres verändern.

Sobald der Mensch seine Ernährung umstellt und beim Tier herausgefunden wurde, welche Lebensmittel es nicht verträgt, kann Heilung stattfinden. Das hört sich ziemlich einfach an, aber die Umsetzung ist meistens nicht so leicht. Falls Sie sich hier angesprochen fühlen, zögern Sie nicht weiter, sondern probieren Sie es doch einfach aus. Mehr, als dass es nicht funktioniert, kann ja nicht geschehen. Dies ist meistens dann der Fall, wenn das eigene Durchhaltevermögen nicht groß genug ist. Vielen Menschen ist nämlich gar nicht bewusst, dass sie sich lieber mit der Krankheit ihrer Tiere beschäftigen als mit sich selbst. Da die Sorge um die Tiere und die Liebe zu ihnen meist grenzenlos groß sind, lenken diese meistens von den eigenen Wehwehchen oder Problemen ab. Die Botschaft ist dennoch, dass wir zuerst bei uns überprüfen sollten, was nicht in Ordnung ist, um dann alles, was wir bei uns selbst ändern, auch bei unserem tierischen Freund zu verändern. Ändern Sie ihre Essgewohnheiten, dann wird auch Ihr Hund oder Ihre Katze das problematische Essverhalten ablegen.

Ich habe auch schon erlebt, dass die Menschen aufgrund der Erkrankungen ihrer Tiere einen ganz neuen Weg eingeschlagen haben. Sie suchten nach Alternativen und haben dadurch das eigene Interesse an gewissen Fragen entdeckt. So hat sich schon mancher zu einem erfolgreichen Tiertherapeuten entwickelt. Die eigenen Haustiere haben aufgrund ihrer körperlichen Beschwerden geholfen, den eigenen Weg zu erkennen und diesen zielstrebig zu gehen. Der Wunsch, dem Haustier zu helfen, ihm Linderung zu verschaffen, ist für uns Tierliebhaber die größte Motivation.

Wenn Ihr Tier Probleme mit dem Rücken, dem Magen, dem Herzen, der Lunge, der Leber oder einem anderen Organ hat und Sie ebenfalls in diesen Bereichen Schwierigkeiten haben, sollten Sie darüber nachdenken, wie dieses Problem mit Ihnen oder jemand anderem aus Ihrer Familie in Beziehung steht. In solchen Fällen sollten Sie sich immer die Frage stellen, was die Probleme Ihres Tieres mit Ihnen zu tun haben.

Obwohl wir uns in vielen Langzeiterkrankungen unseres Tieres selbst wiederfinden können, gibt es dennoch Symptome, die nichts mit uns zu tun haben und z. B. von einer momentanen Situation hervorgerufen werden.

Die Hündin meiner Freundin erbricht zurzeit sehr oft und hat auch immer wieder Durchfall. Niemand in der Familie hat jedoch ähnliche Symptome. Da es keine vom Tierarzt nachgewiesene Ursache für eine Erkrankung gibt, bleibt nur folgende Annahme: Die Familie zieht gerade um, und der ganze Stress, der ganze Wirbel im Haus scheint der Hündin auf den Magen zu schlagen. Dieser körperliche Stress äußert sich in einem nervösen Magen und einem gereizten Darm. Sobald wieder Ruhe einkehrt, werden die Symptome wohl von ganz alleine wieder verschwinden.

Um dies noch zu verdeutlichen, führe ich weitere Erkrankungen mit den dazugehörigen möglichen Themen auf.

Allergien mit Hautreizungen

Allergien und Hautreizungen können sowohl seelische als auch körperliche Ursachen haben. Der Ursprung liegt bei Ersterem ganz oft in Abgrenzungsthemen, denn die Haut ist im wahrsten Sinne des Wortes unser Schutzschild. Die Symptome zeigen sich oft, wenn wir Menschen in unserem Umfeld begegnen, die uns nicht guttun. Die Tiere nehmen diese negative

Schwingung ebenfalls auf. Dadurch entwickelt sich nach einiger Zeit eine Abwehrreaktion, die sich in Form einer Allergie zeigt. Das Tier übermittelt uns in diesem Fall: »Nimm dich wichtig! Sage Nein! Grenze dich ab, und wehre dich gegen Angriffe deiner Mitmenschen! Stehe zu dir, und stehe für dich ein! Sage, was du willst, und nimm dir nicht alles so zu Herzen.«

Ich weiß, es ist nicht so leicht, das eigene Verhalten zu verändern, doch hier liegt das Übel begraben.

Wenn wir die Probleme mit den Menschen, die uns nicht guttun, bereinigen, indem wir unsere Meinung sagen, oder uns im schlimmsten Fall sogar von diesen Menschen trennen, könnte der Juckreiz bzw. die Allergie unseres Tieres ganz von alleine ausheilen.

Überprüfen Sie, ob es solche Situationen in Ihrem Leben gibt oder ob die Ursache der allergischen Reaktion Ihres Tieres rein körperlich ist und etwa durch Unverträglichkeiten hervorgerufen wird. In diesem Fall gilt es zu überprüfen, inwieweit sich die Symptome des Tieres mit den eigenen Beschwerden decken. Oftmals leiden die Menschen ebenfalls unter durch Unverträglichkeiten hervorgerufenen Juckreiz und Hautreizungen. Abhilfe erfahren wir, indem wir unsere Ernährung überprüfen und diese gegebenenfalls umstellen.

Selbiges ist auch für unseren vierbeinigen Freund zu tun. Ein Tierheilpraktiker oder Tierarzt kann dazu einen Allergietest durchführen, um die möglichen Ursachen herauszufiltern. Meistens decken sich die Allergien der Tiere mit denen ihrer Menschen. Liegt zum Beispiel eine Getreideunverträglichkeit vor, was im Übrigen sehr häufig bei Tieren vorkommt, könnten auch Sie mit der Verdauung von Getreide Probleme haben.

Probleme mit den Beinen und Gelenken

Ganz oft habe ich schon von meinen Klienten gehört, dass, wenn der Hund, die Katze oder das Pferd Arthrose oder ein ähnliches körperliches Gebrechen an den Gelenken, Sehnen oder Knochen hatte, auch deren Menschenfreund mit den gleichen Schmerzen zu kämpfen hatte. Meistens sogar an den gleichen Stellen.

 Was kann ein Humpeln oder Lahmen denn bedeuten?

Diese Frage stellte ich mir selbst vor vielen Jahren, als meine mittlerweile verstorbene Hündin Felina wieder einmal humpelte. Es fing ganz plötzlich an, und meine Tierärztin konnte nichts feststellen. Also wartete ich es erst einmal ab, aber es wurde nicht besser. In diesem Fall war es so, dass ich Felina danach fragen konnte und sie mir erzählte, dass ich mich im Moment auf der Stelle bewegen würde und nicht den Mut hätte, weiterzugehen.

Ich stand zu diesem Zeitpunkt vor der Entscheidung, ob ich die Tierkommunikation wirklich beruflich ausüben sollte. Dazu gehörte auch, damit über das Internet an die Öffentlichkeit zu gehen, doch ich hatte Angst vor diesem Weg. Ich war doch Heilpraktikerin und keine Esoteriktante! Ich kam irgendwie nicht weiter. Als mir diese Botschaft übermittelt wurde, war für mich klar, dass ich meinem Herzen folgen musste und meine Angst mich nicht davon abhalten durfte, meinen Weg zu gehen. Genauso habe ich es dann auch gemacht. Die Kommunikation mit den Tieren war und ist mein Weg. Bis heute habe ich diese Entscheidung auch nicht bereut. Das Beste von allem war allerdings: Gleich nachdem ich meinen Entschluss ausgesprochen hatte, hörte meine Felina mit dem Humpeln auf.

In diesem Fall erforderte es meinerseits sehr viel Aufmerksamkeit, da ich selbst keine Symptome hatte. Ich musste erst den Zusammenhang zwischen Felinas Symptomen und meinem eigenen Leben erkennen, um dann durch mein Umdenken und meine Handlungen die Situation zu verändern.

Wenn Ihr Tier also lahmt oder humpelt, denken Sie daran, dass es Ihnen vielleicht damit mitteilen möchte, dass Sie auf der Stelle treten. Das Tier zeigt Ihnen mit seinen Symptomen, dass Sie sich weigern, weiterzugehen, der nächste Schritt aber die Lösung wäre und es jetzt an der Zeit ist, diesen Schritt zu gehen.

Rückenprobleme

Bei Rückenschmerzen, die sowohl beim Tier als auch beim Menschen auftreten, kann das ein Zeichen dafür sein, dass man sich zuviel auflädt und die Tiere diese Last ebenfalls spüren. Sie möchten uns damit zeigen, dass wir uns viel zu viel zumuten. Manchmal ist es schon erstaunlich, dass sogar die gleichen Bandscheiben am selben Wirbelkörper betroffen sind. Wir sollten in solchen Fällen den Tieren die Therapien zukommen lassen, die uns selbst guttun bzw. bei uns die Therapie anwenden, die auch unserem Liebling hilft. Bei der intensiven Auseinandersetzung mit den Schmerzen unserer Tiere, sollten wir uns auch mit unseren eigenen Schmerzen beschäftigen. Leider passiert es auch hier viel zu oft, dass wir nur auf das Wohl unserer Lieblinge bedacht sind und uns selbst völlig vergessen. In diesen Fällen wird sich auch bei den Tieren keine Veränderung des Gesundheitszustandes einstellen. Es liegt also an uns, etwas für uns zu tun und ohne Ausflüchte den Weg aus der misslichen Lage zu finden. Am besten schreibt man sich hierzu einfach einmal auf, was man so den ganzen Tag zu erledigen hat. Dadurch erfährt man oft sehr schnell, was belastend ist.

Laden Sie sich vielleicht die Sorgen anderer Menschen auf? Belasten Sie sich mit Dingen, die Sie selbst vielleicht gar nicht ändern können, weil diese nicht in Ihrem Wirkungsfeld liegen?

Wie oft regt man sich über etwas auf, was man schlicht und einfach nicht ändern kann? Der Ausgang mancher Situation ist von Dritten abhängig, sodass wir keinerlei Einfluss haben. Der Druck, die Situation verändern zu wollen, obwohl man dies gar nicht kann, zeigt sich dann im Schmerz, der in der Wirbelsäule auftritt.

Worüber machen Sie sich Sorgen, und was bereitet Ihnen Kopfzerbrechen? Worüber denken Sie am meisten nach? All dies sind hilfreiche Anhaltspunkte.

Wenn Ihnen klar ist, worin der größte Druck besteht und was Ihnen am meisten Sorgen bereitet, können Sie jetzt Schritt für Schritt anfangen, Ihr Denken zu verändern und eine Lösung zu finden. Die Aussage: »Für dieses Problem gibt es keine Lösung« wird nicht akzeptiert, denn es gibt für alles eine Lösung. Ist das nicht schön? Ob es eine einfache Lösung sein wird, sei mal dahingestellt, aber eine Lösung gibt es mit Sicherheit. Sollten die Menschen ihre Sorgen bei Ihnen abladen, dann sagen Sie auch einmal Nein! Sollten Sie sich Gedanken um die Noten ihrer Kinder machen, dann fragen Sie sich, inwieweit Sie Ihr Schicksal selbst in der Hand haben. Hier liegt es an Ihren Kindern und daran, ob sie genug gelernt haben und wie sie das Gelernte dann umsetzen können. Sie können sie unterstützen, aber Sie können nicht die Aufgaben Ihrer Kinder erledigen. Wenn Beziehungsprobleme Ihnen Sorge bereiten, dann fragen Sie sich doch, was Sie von der anderen Person erwarten. Haben Sie es in der Hand? Kann die Person Ihre Erwartung erfüllen und ist es überhaupt die Aufgabe Ihres Partners, Ihre Erwartungen zu erfüllen? All dies kann dazu beitragen, dass sich der Druck in Ihrem Rücken verändert und die Schmerzen abnehmen. Vielleicht sind es aber auch finanzielle Sorgen, die Ihnen das Leben schwer machen und belastend sind.

Sie haben das Gefühl, etwas nicht zu schaffen, und das erzeugt vor allen Dingen Druck im Inneren und an Ihrer Basis, welche sich am Ende der Wirbelsäule befindet. Unsere Wirbelsäule ist die innere körperliche Basis, denn sie ist für Stabilität zuständig. Wenn unsere äußere Basis – und dazu zähle ich das Zuhause und alles was damit zusammenhängt – nicht stabil ist, wird sich das auch in Rückenproblemen zeigen. Ihr Tier wird Ihnen spiegeln, ob die Sache ernst genug genommen und auch an der Denkweise genug gearbeitet wird. Unsere Tierfreunde führen uns auf diese Art und Weise tagtäglich vor Augen, wie das Leben sein könnte, nämlich einfach.

Parasiten

Unter Parasiten verstehe ich Würmer, Kokzidien, Giardien und Flöhe. In der Regel hat jedes Tier im Laufe seines Lebens irgendwann einmal Parasiten. Sollte der Befall in seiner Häufigkeit jedoch auffallen, dann ist auch an ein Spiegelthema zu denken.

Parasiten stehen für Energieräuber oder Nutznießer, die sich im eigenen Umfeld befinden. Meine Safi teilte mir einmal mit, dass sie Parasiten hätte und sich auch in meinem Umfeld solche befinden würden. Zuerst wusste ich nicht, wen oder was sie damit meinen könnte, doch ich war alarmiert. Es dauerte nicht lange, bis ich die Person erkannte, die mir nicht guttat und die mich auf eine gewisse Art und Weise nur ausnutzte. Nachdem ich dies herausgefunden hatte, konnte ich entsprechend handeln.

Man muss nicht gleich die Beziehung abbrechen, manchmal reicht es auch aus, seine Grenzen ganz deutlich auszusprechen. Meistens stellt man bei Parasiten keinen Zusammenhang mit dem eigenen Leben her, doch es lohnt sich in jedem Fall, hier genauer hinzuschauen. Die Energieräuber müssen sich nicht unbedingt in der Familie befinden. Es können Freunde, Bekannte oder auch Arbeitskollegen sein. Oft sind es Menschen, die ständig Gefälligkeiten einfordern, von denen man aber selbst nichts erwarten kann. All diese Menschen rauben unsere Energie und tun uns auf Dauer nicht gut. Grenzen Sie sich gut ab, wenn Sie nicht die Möglichkeit haben, der Person aus dem Weg zu gehen. Wie das geht? Sie können die nachfolgende Übung machen.

Übung zur Abgrenzung

 *Stellen Sie sich in Gedanken eine farbige Lichtkugel vor. Es ist egal, welche Farbe diese Kugel hat, es kommt nur darauf an, dass Sie sich diese Farbe gut vorstellen können. Nun stellen Sie sich gedanklich in diese Kugel hinein. Ihr ganzer Körper ist*

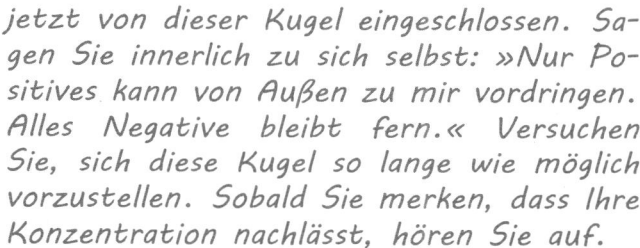

jetzt von dieser Kugel eingeschlossen. Sagen Sie innerlich zu sich selbst: »Nur Positives kann von Außen zu mir vordringen. Alles Negative bleibt fern.« Versuchen Sie, sich diese Kugel so lange wie möglich vorzustellen. Sobald Sie merken, dass Ihre Konzentration nachlässt, hören Sie auf.

Gleichzeitig könnten Sie und Ihr Tier zur Unterstützung auch die Tieressenz »Wolfsobhut« verwenden. Tieressenzen sind Aurasprays zur äußeren Anwendung, die mehrmals täglich in die eigene Aura und in die des Tieres gesprüht werden sollen. Das Spray unterstützt auf energetischer Ebene und hilft dabei, sich abzugrenzen und sich beschützt zu fühlen.

Pferde, Katzen, Hunde und auch Kaninchen können uns mit Lungenproblemen, die sich in Atemnot, schwerem Atmen und Husten äußern, Defizite in unserer Lebensführung aufzeigen. Sobald keine medizinische Diagnose und Behandlung zu einer Verbesserung verhilft, sollte man sich einmal folgende Frage stellen: Was nimmt mir die Luft zum Atmen?

Die Atemnot kann natürlich in einer Pollenallergie oder einer Infektion begründet sein. Ebenso ist es aber möglich, dass die Probleme von Belastungen herrühren, die wir nicht zu verändern vermögen. Oftmals haben wir Probleme, einfach einmal Nein zu sagen. Wir tun Dinge, obwohl wir sie nicht tun wollen und setzen uns so unter Druck. Wir laden uns Verpflichtungen auf, weil wir es uns nicht gestatten, unsere Grenze zu zeigen. Wir sind Ja-Sager und nehmen uns und unserem Tier dadurch die Luft zum Atmen. Das geschieht natürlich nicht bewusst, aber wenn alle Therapieformen keine Veränderung des Gesundheitszustandes herbeiführen können, dann liegt es offensichtlich auch an uns. Unser Tier möchte uns an diesem Punkt helfen und uns unterstützen. Ich möchte damit nicht sagen, dass es wegen uns krank ist, aber durch die Verbundenheit mit dem Menschen spürt es dessen Sorgen und Ängste. Egal, ob es der Stress bei der Arbeit, die Erwartungshaltung eines Chefs oder der Familie ist, irgendwo haben wir nicht den Mut, einfach einmal NEIN zu sagen. Außerdem neigen wir dazu, uns die

Sorgen und Probleme anderer aufzuhalsen, und das nimmt uns und unserem Tier die Luft zum Atmen. Manchmal ist es wie ein Kreislauf: Unser Liebling macht sich Sorgen um uns und wir machen uns Sorgen um unser Tier. Aus diesem Kreislauf auszusteigen, ist nicht so leicht, aber es ist möglich. Zuerst ist es wichtig zu erkennen, was die Ursache ist: eine Person, eine Emotion oder eine Situation. Sobald dies klar ist, können wir etwas tun. Die beste Frage ist hier stets: Kann ich selbst die Situation verändern, oder ist es von äußeren Umständen abhängig? Alleine diese Frage und die entsprechende Erkenntnis nehmen schon enorm viel Druck aus der Situation. Sofern es sich um ein Problem handelt, worauf ich keinen Einfluss habe, kann ich nichts daran ändern. Sobald das klar ist, müsste es leichter werden, damit umzugehen. Um zu lernen, wie man NEIN sagt, muss man sich auf einen längeren Weg begeben. In der Regel möchten wir es allen recht machen und niemanden verletzen. Aus diesem Grund verbiegen wir uns in jede Richtung und vergessen dabei das, was wir für uns selbst wollen.

 *An dieser Stelle ist es wichtig herauszufinden, warum wir es jedem recht machen möchten. Wollen wir als hilfsbereit gelten? Möchten wir, dass wir als nett bezeichnet werden? Erhoffen wir uns Liebe durch unsere Handlungen?*

Da wir das, um was man uns bittet, eigentlich nicht tun möchten, liegt es nahe, dass wir vom Wunsch nach Anerkennung motiviert sind. Meistens erhalten wir jedoch kein Danke, keine Liebe, es wird sogar noch als selbstverständlich angesehen. Das ärgert uns dann erst richtig.

Fragen Sie sich stets, wenn Sie um etwas gebeten werden: »Möchte ich das jetzt wirklich tun? Für wen tue ich das?« Sofern Sie es nicht mit Liebe tun, lassen Sie es lieber bleiben. Seien Sie authentisch, und bleiben Sie sich treu.

Mit jedem Mal wird es leichter werden, NEIN zu sagen.

Tiere und unsere Lernaufgaben

Ich habe mich im Laufe meines Lebens schon öfter gefragt, warum es Menschen gibt, die Hunde über alles lieben und Katzen nicht ausstehen können. Tiere sind doch Tiere, und es kommt doch gar nicht so sehr auf die Art und Gattung an. Ich habe mich früher als Hundemensch bezeichnet. Ich hatte keinerlei Bezug zu Katzen, vielleicht auch einfach deswegen, weil es keinen Kontakt zu Katzen gab. Seit meiner Kindheit lebten nur Hunde bei unserer Familie. Die Frage, ob wir uns eine Katze anschaffen sollen, stellte sich nie. Heute habe ich einen Bezug zu Katzen. Ich finde sie toll, doch ich weiß, warum ich keine Katze habe. Ich könnte sie nicht loslassen und ihr nicht die räumliche Freiheit geben, die sie braucht. Ich hätte Angst, dass sie irgendwann einmal verloren gehen würde. Da ich mit so vielen Menschen zu tun habe, die ihre Katze vermissen, sind diese Ängste noch nicht einmal unbegründet. Trotzdem glaube ich, dass meine Hunde und ich aus bestimmten Gründen zusammenleben bzw. zusammengelebt haben. Genauso ist es, wenn Sie ein Pferd, eine Katze, oder ein Kaninchen besitzen. Egal, welches Tier

bei Ihnen wohnt, es hat sicherlich einen Grund, dass es aus-
gerechnet dieses Tier ist. Ich denke, es liegt an Grundcharak-
tereigenschaften, die man hat oder eben nicht hat. Denn so,
wie ich es beobachtet habe, sind die Themen der einzelnen
Tierarten unterschiedlich. Sie haben vielleicht den gleichen
Kontext, aber das war es auch schon.

Sobald man so wie ich daran glaubt, dass uns Tiere etwas
lehren und sie uns unterstützen, sucht man sich die Tiere aus,
die einem am besten den Spiegel vorhalten können. Natürlich kann sich im Laufe eines Lebens der Bezug zu einem Tier
verändern, doch aus dem Grund, dass wir in einem anderen
Bereich Hilfestellungen brauchen oder sich Gewohnheiten ge-
wandelt haben. Manch einer mag sagen: »Das ist ganz schön
weit hergeholt«, aber ehrlich, ich bin mir da nicht sicher. Jeder sollte sich an dieser Stelle eigene Gedanken machen und
eigene Rückschlüsse für sich ziehen. Es muss nicht sein, dass
ich recht habe, doch für mich stellen diese Gedankengänge
zumindest im Moment eine logische Erklärung dar.

TEIL II

Spiegelthemen von Hunden und Menschen

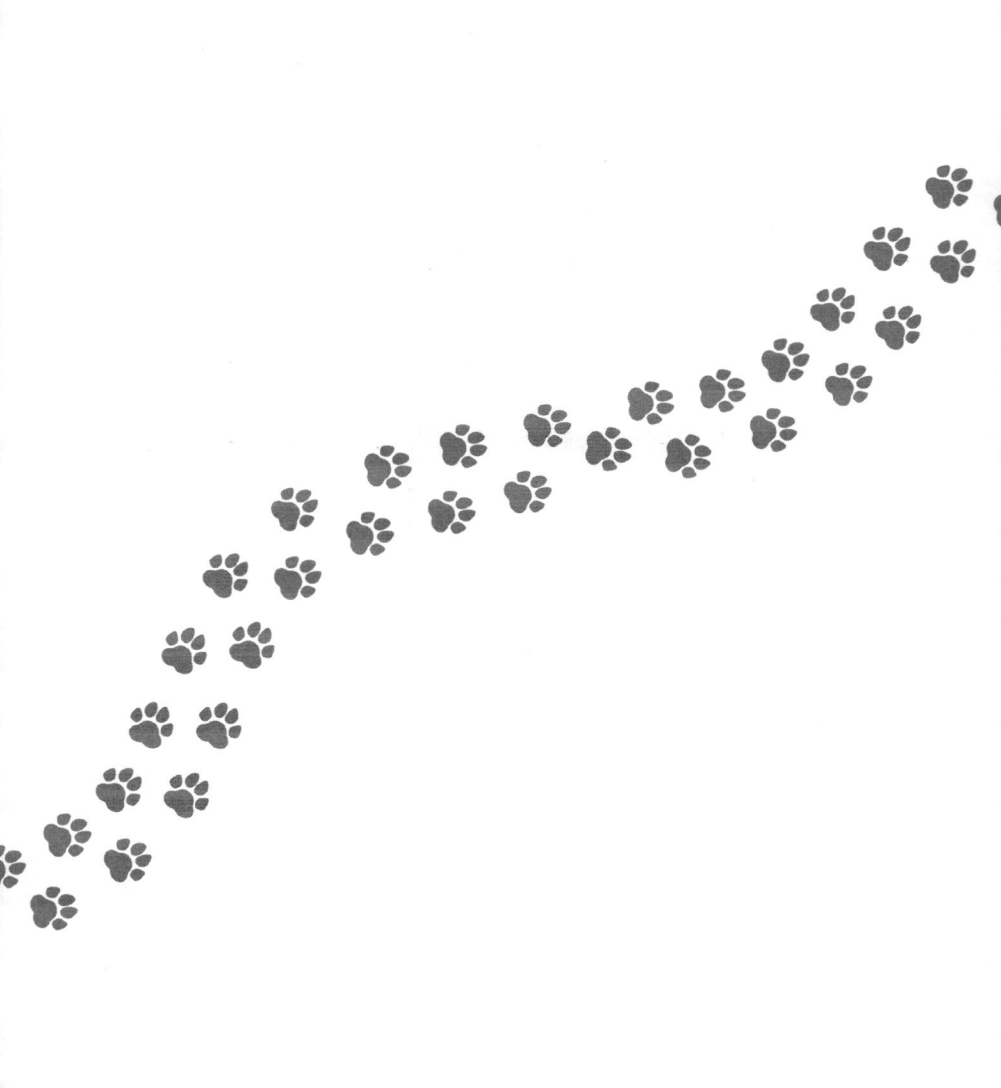

In den letzten Jahren habe ich bei meiner Arbeit als Tierkommunikatorin festgestellt, dass mir die Tiere wieder und wieder die gleichen Themen zu ihren Menschen mitgeteilt haben. So habe ich im Laufe der Zeit die Erkenntnis gewonnen, dass Hundemenschen andere Themen haben als Katzen- oder Pferdemenschen. Natürlich kommen auch Hunde-Spiegelthemen bei Katzenbesitzern vor, aber es ist doch ein roter Faden offenbar eindeutiger, artenspezifischer Themen zu erkennen. Mich hat diese Erkenntnis fasziniert, weil daraus so viele neue Möglichkeiten entstehen, Menschen in Bezug auf das Verständnis ihrer Tiere noch besser zu unterstützen und tiefgreifende Veränderungen in ihrem Leben herbeizuführen, die beiden Seiten helfen. In den nächsten Kapiteln möchte ich Ihnen anhand von Beispielen verschiedene Spiegelthemen vorstellen und gleichzeitig Vorschläge an die Hand geben, wie Sie die Situation verändern können. So wird sich sowohl für Ihr Tier als auch für Sie selbst vieles zum Positiven wandeln.

Hunde vertrauen ihren Menschen von Grund auf, und darum kommt das Thema VERTRAUEN nur selten bei Hundemenschen vor.

 *Wer einen Hund als seinen Begleiter bevorzugt, ist in der Regel ein offener und zugänglicher Mensch, der auch sein Leben sehr schnell vor anderen ausbreitet.*

Hundemenschen haben größtenteils Vertrauen in die Menschen, ich gehe sogar so weit zu sagen, in die ganze Menschheit. Ich »gehöre« ja auch einem Hund und ich kann von mir behaupten, dass ich wirklich sehr offen bin. Ich glaube an das Beste im Menschen und wenn ich auch noch so oft enttäuscht werde, ändert sich an meiner Einstellung nichts. In mir ist dieses absolute Vertrauen verankert, das ich auch von Hunden kenne. Sicherlich gibt es auch Hunde, die für den Moment kein Vertrauen fassen können, doch meistens haben diese Tiere eine schlimme Zeit hinter sich, und da wundert es niemanden, wenn das Vertrauen auf der Strecke geblieben ist. Bestimmt gibt es auch Ausnahmen bei uns Menschen, doch wenn Sie auf Hundemenschen treffen, werden Sie erkennen, dass viele von ihnen voller Vertrauen sind. Vertrauen gehört in erster Linie zu den Hauptthemen der Pferdebesitzer. Ausnahmen gibt es aber auch dort natürlich immer.

Hauptthemen beim Hund:

- Unsicherheit und Ängste
- Kontrolle

Untergeordnete Themen:

- mangelndes Selbstvertrauen
- Wut, Zorn, Ärger
- Loslassen
- Ehrlichkeit

Es gibt sicherlich auch noch andere Themen, die wir bei Hundemenschen finden könnten, doch meistens geht es bei Hundebesitzern um die Themen Unsicherheit, Ängste und Kontrolle. Ich finde es erstaunlich, wie ähnlich sich Menschen sind, die mit Hunden leben.

Viele meiner Klienten kommen mit der Frage zu mir: Warum ist mein Hund so ängstlich? Warum bellt mein Hund andere Hunde an? Warum ist mein Hund so unsicher?

Schauen wir uns diese Themen jetzt einfach einmal an.

Spiegelthema Angst

Die Angst, dass der Hund verletzt
oder gebissen werden könnte

Vor einiger Zeit rief mich eine Klientin an. Sie war sehr aufgebracht und aufgeregt, weil sie solche Angst um ihre Hündin »Baby« hatte. Baby ist ein kleiner Hund, und sobald sie mit ihrem Frauchen auf einen großen Hund trifft, ist die Angst meiner Klientin so groß, dass sie den Hund entweder hochnimmt oder vor den anderen Hunden davonläuft. Sie erzählte mir, dass sie jedes Mal in Panik gerät, sobald ein anderer Hund ihren Weg kreuzt. Ganz extrem sei es, wenn dieser ohne Leine läuft und das andere Herrchen dazu noch weit entfernt ist. Baby würde dann wie eine Irre an der Leine kläffen, was ihre eigene Panik noch verschlimmern würde. Sie glaubt, dass der andere Hund das Bellen ihres Tieres als Angriff sehen könnte. Deswegen würde sie in der Regel umkehren, das Tier hochnehmen oder davonlaufen.

Ich verstehe die Sorge meiner Klientin sehr gut und ich kann auch nachvollziehen, was sie in dieser Situation so quält: Sie hat Angst, dass ihrem Liebling etwas passiert. Die Tatsache, dass der Hund einer kleinen Rasse angehört, macht die Sache nicht unbedingt besser. Wenn solche Ängste in einem wohnen, kann ein großer frei laufender Hund sogar zu einem potenzieller Killer werden, um es einmal ganz extrem auszudrücken. Die Klientin bat mich um Rat, weil sie sich einfach nicht mehr zu helfen wusste. Wenn ihr Mann den Hund ausführt, ist das Verhalten des Hundes im Übrigen entspannter. Nur wenn sie beide mit dem Hund spazieren gehen, ist das Tier hysterisch und aufmüpfig.

Was also sagt uns dieses Beispiel? Erst einmal nur eines: Ein liebender Tierfreund hat Angst um seinen Liebling. Das Hündchen reagiert auf die Energien des Menschen und fängt aus diesem Grund zu kläffen an. Es fletscht die Zähne und sagt: »Bleib du mal lieber weg, sonst passiert etwas.«

Im Inneren verbirgt sich hierbei aber eine extreme Unsicherheit des Hundes. Er möchte seine Angst überspielen, ist also weder böse noch aggressiv. Das Tier weiß einfach aufgrund der Gefühle seines Menschen nicht, wie es sich verhalten soll. Zudem hat dieser Hund nie gelernt, sich selbst zu vertrauen, weil immer jemand da war, der eingegriffen und ihn aus der Situation »gerettet« hat. Daraus entstand die Reaktion des Kläffens. Diese Situation kann man bei fast allen kleinen Hunden beobachten, denn die meisten Herrchen und Frauchen trauen keinem größeren Hund über den Weg.

Hinter alledem verbirgt sich nicht nur die Tatsache, dass der Tierbesitzer Angst um seinen tierischen Freund hat, sondern dass noch ganz andere Ängste vorhanden sind: Ängste um Familienmitglieder, Existenzängste, unbegründete Ängste oder Verlustängste. Wenn diese Gefühle ganz extrem sind, kann daraus auch Panik entstehen. was alles natürlich noch viel schlimmer macht, und auch das Verhalten unseres Vierbeiners wird dadurch noch extremer werden.

Was aber kann man in so einer Situation tun? Bleiben wir bei unserem Beispiel.

Ich riet meiner Klientin zu einem Coaching, um das Thema Angst weiter zu beleuchten. Wie ich bereits vermutet hatte, waren diese Ängste nicht nur in Bezug auf das Tier vorhanden, sondern auch in anderen Lebensbereichen ganz extrem. Wir durchwanderten Schritt für Schritt die Emotionen und haben am Ende festgestellt, dass die Verlustangst das Hauptthema war. Schon nach kürzester Zeit konnte man eine Veränderung im Verhalten von Baby feststellen, und nach einigen Gesprächsterminen hatte auch meine Klientin sich in ihrem Verhalten so verändert, dass ein Spaziergang entspannt möglich war.

Falls Sie niemanden haben, der Ihnen in solch einer Situation weiterhelfen kann, dann gibt es durchaus auch Möglichkeiten, selbstständig an das Thema heranzugehen. Angst an sich ist ja nicht unbedingt etwas Schlimmes. Angst ist ein Gefühl, das uns vor einer gefährlichen Situation warnt. Schlimm wird dieses Gefühl erst, wenn es uns beherrscht und unsere Handlungen durch dieses Gefühl beeinflusst werden. Im Bezug auf unsere Tiere sollten wir hierzu Folgendes wissen: Unsere Ängste werden auf das Tier übertragen, und das Tier hält uns mit seinem Verhalten den Spiegel vor. Da wir alle auf engstem Raum zusammenleben, sind auch unsere Energiefelder miteinander verwoben. So könnte es auch durchaus sein, dass unser Tier unsere Ängste auslebt, obwohl es gar nicht seine Gefühle sind. Meistens wissen wir Tierbesitzer ja gar nicht, was der Auslöser der Angst unseres Lieblings war.

Sollten Sie sich in diesem Beispiel wiederfinden und bereit sein, etwas gegen Ihre Ängste zu tun, dann gehen Sie jetzt folgendermaßen vor:

 1. Schreiben Sie alle Situationen auf, in denen Sie Angst haben.

Das kann z. B. so aussehen: Ich habe Angst, dass sich mein Hund verletzt. Ich habe Angst, dass meinem Kind etwas passiert. Ich habe Angst vor dem Tod. Ich habe Angst, dass mein Tier oder jemand aus meiner Familie stirbt. Ich habe Angst, dass ich sterbe. Ich habe Angst, dass ich meine Rechnungen nicht bezahlen kann usw.

 2. Suchen Sie sich jetzt den Punkt aus, der am meisten Druck verursacht.

Formulieren Sie dazu eine passende Frage, z. B.: Warum habe ich so viel Angst, dass sich mein Hund verletzt? Wieso habe ich Angst/Panik, dass mein Hund stirbt? Wieso habe ich solche Angst vor dem Tod? Weshalb habe ich solche Angst, dass ich meine Rechnungen nicht bezahlen kann?

Stellen Sie sich dazu hin, und spüren Sie, wo in Ihrem Körper Druck entsteht. Sprechen Sie die Frage mehrmals hintereinander laut aus. Was macht sie mit Ihnen? Stehen Sie noch gerade? Haben Sie noch Kraft? Oder fühlen Sie sich klein und schwach?

Die Frage, die die schlimmsten körperlichen Auswirkungen hervorgerufen hat, schauen wir uns jetzt weiter an und formulieren sie um.

3. Eine positive Frage formulieren.

Viele von Ihnen kennen bestimmt Affirmationen, also positive Glaubenssätze. Glaubenssätze sind Sätze oder Überzeugungen, die wir von anderen übernommen haben, weil sie uns ständig gesagt wurden. Viele dieser Glaubenssätze stammen von unseren Eltern, die diese ebenfalls von ihren Eltern übernommen haben. Übernommene Glaubenssätze könnten sein: »Nur wer fleißig ist, kann viel erreichen.« »Schuster bleib bei deinen Leisten.« »Geld macht nicht glücklich.«

Mit Affirmationen versucht man dann, diesen alten Glaubenssatz positiv umzuprogrammieren. »Ich bin reich.« »Ich kann alles schaffen, was ich will.« Es ist sicherlich nicht falsch und ganz bestimmt auch hilfreich, wenn ich mir diese Sätze wieder und wieder vorsage, doch wenn ich diese Sätze nicht auch fühle, passiert langfristig nichts – zumindest habe ich diese Erfahrung für mich gemacht.

Ich denke, ich weiß auch warum. Die Affirmation »Ich bin frei von Angst« mag zwar bestimmt eine positive Auswirkung auf mich haben, doch wenn ich selbst nicht davon überzeugt bin, dann bleibt der langfristige Erfolg aus. Wichtig ist, jedes Wort als positiv für sich selbst zu empfinden. Es ist nicht mein Satz, es ist Ihr Satz. Es gibt durchaus Affirmationen, die für alle gelten können, aber die Formulierungen, die in Bezug auf die Angst kreiert werden, gehören bestimmt nicht dazu.

 Probieren Sie es doch selbst aus.
Stellen Sie sich hin, und fragen Sie sich selbst in der gewohnt negativen Art:
»Warum habe ich so viel Angst?«

 Dann sagen Sie:
»Ich bin frei von Angst.«

Was macht dieser neu formulierte Satz mit Ihnen? Sicherlich wird er Ihnen etwas Kraft geben, und Sie werden sich nicht so schlecht fühlen wie mit dem negativen Satz. Aber fühlen Sie es auch im Inneren, dass es so ist? Meistens ist es nicht so. Aus diesem Grund suchen Sie jetzt Ihre ganz persönliche positive Frage. Diese könnte lauten:

»Warum bin ich frei von Ängsten?« Oder: »Wie kann ich mein Leben frei und glücklich, ohne Angst leben?«

Die zweite Frage ist wesentlich präziser als die erste. Sie soll genau das erfragen, was Sie sich für sich selbst wünschen. Je genauer und passender, umso besser für Sie.

Prüfen Sie diese Frage selbst, indem Sie sich hinstellen und zuerst die erste Frage laut aussprechen und dann die zweite. Welche gibt Ihnen mehr Kraft? Welche richtet Sie auf? Es ist sehr wichtig, dass jedes Wort stimmig und passend ist, und zwar nicht für eine andere Person, sondern für Sie selbst. Sprechen Sie die Fragen nun mehrmals hintereinander laut aus, und beobachten Sie dabei Ihren Körper. Fühlen Sie sich kraftvoll und gut? Haben Sie Energie? Sollten Sie Schwierigkeiten damit haben, etwas zu fühlen, oder keinen Unterschied erkennen, sprechen Sie zwischendurch den negativen Satz und dann wieder den positiven. Fühlt sich jedes Wort gut an? Ist jedes Wort für Sie passend? Manchmal sind uns bestimmte Worte »zu groß«. Wir sind noch nicht so weit, sie zu glauben oder zu verstehen. Sollte dies der Fall sein, dann wählen Sie einfach andere. Probieren Sie herum, experimentieren Sie. Es gibt hier nur Ihre Frage! Jedes Wort sollte passen.

 *Ganz wichtig: Es geht hier nicht darum, eine Antwort auf diese Frage zu formulieren. Diese Antwort käme wahrscheinlich nur aus unserem bewussten Intellekt, der gut darin ist, sich selbst auszutricksen.*

Das offene Stellen der präzisen Frage reicht vollkommen aus, denn unser Unterbewusstsein reagiert darauf. Nach einer gewissen Zeit werden wir die Antwort auf unsere Frage leben, statt sie nur intellektuell zu verstehen.

4. Den Körper einsetzen.

Nachdem die richtige positive Frage gefunden wurde, wird der Körper miteinbezogen. Durch Bewegung programmieren wir unsere Zellen um, und so kann unser neuer Glaubenssatz in unserem Zellbewusstsein verankert werden. Wie Sie sich sicher vorstellen können, geht das nicht von heute auf morgen. Ja, ich weiß, das wäre schön, aber leider funktioniert das nicht. Sobald man das Bedürfnis hat, etwas dauerhaft zu eliminieren, weil es unser Leben einfach nur »schwer« macht, sollte auch etwas Zeit investiert werden. Meistens sind unsere negativen Glaubenssätze ja schon viele Jahre in unseren Zellen gespeichert, daher kann man sich nicht von heute auf morgen umprogrammieren.

Gehen Sie jetzt im Zimmer auf und ab, boxen Sie dabei in die Luft, und stellen Sie sich dazu laut Ihre neue Frage. Ja, es ist lustig, und man kommt sich auch ein bisschen blöd dabei vor, aber es hilft. Diese Übung sollte täglich mindestens zehn Minuten gemacht werden. Die Ausrede »so viel Zeit habe ich nicht«, zählt nicht. Zwischendurch hat jeder etwas Zeit, denn schon morgens beim Anziehen kann man sich diese Frage stellen. Beim Spaziergang mit dem Hund können Sie Ihre Frage laut aussprechen, ebenso im Auto oder beim Putzen. Sie sollte zu Ihrem persönlichen Mantra werden.

Es liegt letzten Endes an uns, ob wir etwas in unserem Leben verändern wollen, doch sollten wir an dieser Stelle unser Tier nicht vergessen. Sobald der Mensch anfängt, seine eigene Energie zu verändern, verändert sich sofort auch die Energie des Tieres. Darum: Wenn Sie es nicht für sich machen, dann tun Sie es doch für Ihr Tier. Sie werden schon nach kurzer Zeit bemerken, dass der Spaziergang entspannter und fröhlicher wird und der Hund nicht mehr ständig aus Angst und Unsicherheit andere Hunde ankläfft. Probieren Sie es aus.

 ### 5. Tägliches Wiederholen.

Das Wichtigste an der ganzen Sache ist, konstant dabei zu bleiben. Sie sollten konsequent sein, denn es reicht nicht aus, die Frage nur einen Tag lang zu stellen. Arbeiten Sie mindestens sechs Wochen mit Ihrer positiven Frage. Ich weiß, das hört sich nach einer langen Zeit an, doch es lohnt sich! Vielleicht werden Sie nach zwei Wochen denken: »Ach, jetzt ist es schon so gut geworden, jetzt kann ich damit aufhören.« – Tun Sie das nicht! Der Rückfall kommt! Zumindest war es bei mir in allen Fällen so, in denen ich oder meine Klienten zu früh damit aufgehört hatten. Wir wollen doch, dass unser Tier und auch wir selbst langfristig frei von Ängsten sind.

Dies ist jetzt nur eine Möglichkeit, die man anwenden kann, um sich von seinen Ängsten zu befreien. Doch es führen bekanntlich viele Wege nach Rom, und auch andere bekannten Methoden können hier hilfreich sein.

Spiegelthema Unsicherheit

Hunde, die nicht weitergehen
Beißattacken

Das nächste Beispiel zeigt ganz deutlich auf, welche Auswirkungen ein unsicheres Verhalten des Menschen auf einen Hund haben kann und wie sich die Emotionen des Hundes zeigen können.

Meine Hündin Safi fing im letzten August bei unseren Spaziergängen an, immer an der gleichen Stelle einen Stopp einzulegen. Sie ging nicht mehr weiter, und egal, was ich machte oder versuchte, es half alles nichts. Zuerst dachte ich, sie hätte Angst oder etwas gehört, was ich nicht hören konnte. Als sie aber an mehreren Tagen hintereinander immer wieder dort stehen blieb, fragte ich mich, ob sie mir damit etwas zeigen wollte. Wo war ich unsicher? Mein Mann sagte oft zu mir, dass der Hund meine Unsicherheiten wiedergebe. Ich selbst dachte früher, dass die Unsicherheit nichts mit mir zu tun habe. Ich konnte aber andererseits auch nichts erkennen, was das Verhalten Safis rechtfertigte. Überdachte ich jedoch verschiedene Situationen in meinem Leben, konnte ich durchaus feststellen, dass ich unsicher bin. Ich treffe keine klare Entscheidung, sondern stelle sie ständig infrage.

In diesem Fall war es so, dass gerade meine neue Homepage online gestellt werden sollte. Ich liebe meine Arbeit mit den Tieren und die Kommunikation mit ihnen, doch nun sollte eine neue Internetseite für die Menschen entstehen. Nur für die Menschen! Innerlich dachte ich, dass ich die Tiere damit verriet, und so konnte ich mich mit dieser Homepage nicht wirklich anfreunden. Ich war unsicher, ob ich die Aufgabe auch würde bewältigen können. In meinem Inneren erzeugte dies offenbar Stress. Mir wurde bewusst, dass ich meinen Lebensweg nicht weiterging. Ich blieb stehen, passte mich nicht den aktuellen Anforderungen an. Veränderungen gehören aber doch zum Leben dazu, vor allen Dingen dann, wenn man sich weiterentwickeln möchte. Meine Safi machte genau das Gleiche, sie ging keinen Schritt weiter. Mit ihrem Verhalten zeigte sie mir, dass ich im Leben stehen blieb, dass ich daran zweifelte, ob ich mit meiner neuen Homepage wirklich an die Öffentlichkeit gehen sollte. Aber was konnte ich nun tun? Der Auslöser von Safis Unsicherheit war mir jetzt zwar bekannt, doch die Lösung schien in weiter Ferne. So suchte ich erst einmal in meinem Inneren nach dem Glaubenssatz, der diesen Druck und diese Unsicherheit hervorrief.

War es Angst? Nein, Angst konnte ich keine spüren. Unsicherheit? Ja, unsicher war ich schon, aber eher, ob ich diese Homepage überhaupt erstellen sollte. Was mich am meisten belastete, war eine Traurigkeit, die ich in mir fühlte. Ich hatte das Gefühl, dass ich die Arbeit mit den Tieren loslassen müsste, wenn ich jetzt eine Homepage für meine Arbeit mit den Menschen erstellte. Etwas in mir versuchte mir weiszumachen, dass ich mich zwischen den Tieren und den Menschen entscheiden müsse. Diese Annahme verursachte eine tiefe Traurigkeit in mir und eine Abneigung gegenüber meiner wunderschönen Internetseite.

 »Wieso macht mich die neue Homepage so traurig?«

Als ich diese Frage aussprach, spürte ich, wie der Druck in meinem Bauch noch stärker wurde. So fing ich an, meine neue Frage zu kreieren. Es dauerte eine Weile, bis jedes Wort für mich passte, doch irgendwann hatte ich sie gefunden.

 »Wie kann ich meine tolle Arbeit mit den Tieren und den Menschen voller Freude in die Welt tragen?«

Diese Frage fühlte sich gut an, und sie gab mir Kraft. So begann ich, diese Worte bei meinen Spaziergängen vor mich hinzusagen.

Faszinierend war für mich die Tatsache, dass sich Safi sofort veränderte, nachdem ich angefangen hatte, mit dieser Frage zu arbeiten. Sie ging wieder ihres Weges und blieb auch nicht mehr stehen. Diese Erfahrung zeigte mir erneut, dass unsere

Lieblinge unsere Energie wahrnehmen und durchaus auch annehmen. Sie passen sich uns an, aber sie zeigen uns auch, was gerade nicht rund läuft. Eine tolle Sache wäre es, wenn man auch das Ergebnis stets gleich bei der Hand hätte. Leider ist nicht jede Situation sofort auf unser Verhalten übertragbar, und manchmal dauert es auch eine Weile, bis man den Blick dafür bekommt. Auf jeden Fall sollte man nicht aufgeben, denn für alles gibt es eine Lösung. Wir dürfen die Verantwortung für unser Leben jetzt selbst übernehmen. Das ist unsere Aufgabe.

Manchmal haben Situationen und Ereignisse aber nicht direkt etwas mit den Menschen zu tun. Damit meine ich, dass nicht das Ereignis der Spiegel ist, sondern die Emotionen, die dahinter verborgen sind.

In diesem Fall ist es wesentlich schwerer, die ganze Sachlage zu erfassen, vor allen Dingen dann, wenn man nur beobachtet und sich nicht in die Situation hineinfühlt. Dies verlangt etwas Fingerspitzengefühl und in jedem Fall einen klaren Fokus. Man muss sich in etwas hineinversetzen können und darf sich nicht von voreiligen Schlüssen und Beobachtungen leiten lassen.

Ich möchte dazu ein Beispiel erwähnen, das mir sehr am Herzen liegt. Es ist deshalb wichtig, da sich durch die Erkenntnis, die erworben wurde, die ganze Situation in der betreffenden Familie verändert hat und ein tiefes Verständnis für das »Problemtier« aufkam. Am Ende konnte allen geholfen werden, und die Situation in der Familie verbesserte sich weiter von Tag zu Tag.

Eines Tages bekam ich eine E-Mail von einer meiner Kursteilnehmerinnen Lina, die beschrieb, dass ihre Australian-Shepherd-Hündin Maja die Zwergpudelhündin Püppi fast totgebissen hätte. Püppi lebte schon länger in der Familie, in der es auch noch den Rauhaardackel-Yorkshire-Terrier-Mix Nori gab. Maja war als letzte in das Rudel gekommen, als Ersatz für die verstorbene Hündin »Bijou«. Für Lina war von Anfang an klar, dass alles von Maja ausgegangen war. Maja war die »Große«, die Anstrengende und natürlich auch diejenige, die den besagten Vorfall provoziert hatte. Aus einigen Gesprächen mit anderen Kursteilnehmerinnen ging schnell hervor, dass die meisten der Meinung waren, Maja benötige mehr Aufmerksamkeit. Doch Aufmerksamkeit schenkten ihr ihre Menschen zur Genüge. Trotzdem war etwas nicht rund. Als ich mich diesem Fall widmete, habe ich mich erst einmal in die Hündin hineingespürt. Man kann dies mithilfe eines Steines oder einer Figur tun, die das Tier, um das es geht, symbolisiert. Sofort, als ich mich einspürte, erkannte ich eine tiefe Traurigkeit und hatte das Gefühl, ganz allein zu sein. Ich nahm weitere Objekte hinzu und stellte den Rest der Familie gegenüber von Maja auf. Die Distanz wurde für mich durch die Aufstellung noch offensichtlicher. Ich fühlte mich alleine und nicht zugehörig, es war, als gehörte ich gar nicht zur Familie. Das machte mich, in meiner Rolle als Hündin Maja, sehr traurig. In Bezug auf die Hunde und die Beißattacke stellte sich heraus, dass Maja der Hündin Püppi keinerlei Gefühle entgegenbrachte, sie war ihr egal. Es waren weder Aggression, noch Hass oder Wut zu fühlen. Als ich mich in Maya hineinversetzte, fühlte ich mich sehr, sehr klein, denn Püppi drückte mich zu Boden. Nachdem ich dieses Gefühl gespürt hatte, wechselte ich die Position, um einmal die ganze Situation aus Püppis Sicht zu betrachten. Obwohl Püppi ein kleiner Hund ist, fühlte ich mich sehr, sehr groß und auch extrem stark. Ich hatte zudem noch meine Menschen, die hinter mir standen, die mir den Rücken freihielten. So konnte ich von meinem Thron herabschauen. Sofort wurde mir klar, dass Püppi in der Familie sehr viel Macht besaß und Maja zudem nicht akzeptierte. Das Gefühl, dass all dies mit der toten Hündin Bijou zu tun hatte, bestätigte sich im Laufe der Sitzung noch weiter. Nachdem dieses aber geklärt war, wurde es leichter. Und als zudem noch alle Situationen in Bezug auf die Familienmitglieder betrachtet worden waren, stand für uns alle fest, dass Püppi zu viel Macht hatte und Maja sich nur verteidigte. Da sie ja so klein ist, wurde sie stets von ihren Menschen behütet und beschützt, wodurch sie enorm viel Macht und Stärke erhalten hatte, die sie auch nach außen trug. Maja jedoch fühlte sich allein, nicht zugehörig, vielleicht auch verloren, und hier wurde deutlich, was sie ihrem Frauchen spiegelte. Auch Lina hatte immer wieder das Gefühl des Alleinseins, erlebte sich als nicht dazugehörig und vielleicht sogar als Außenseiter. Sie erzählte mir, dass sich die Energie im Hause schon verändert hätte, als sie Püppi ihren Prinzessinnenstatus entzogen hatten.

Was aber kann der Mensch tun, um seinen eigenen Gefühlen des Alleinseins authentisch zu begegnen und diese positiv zu verändern? Was kann er tun, um sich geliebt und zugehörig zu fühlen? Und verändert sich dadurch auch die Energie von Maja? Bekommt sie dadurch auch das Gefühl zugehörig zu sein? Je fleißiger »Frauchen« an diesem Thema arbeitet, desto willkommener wird sich auch Maja fühlen. Vieles passiert in unserem Unterbewusstsein und nicht auf unserer Verstandesebene. Lina hat sich zuerst einmal klar gemacht, wie sie Glück, Liebe, Sicherheit und Zugehörigkeit auch ohne andere Menschen oder Tiere erlangen kann.

Meistens machen wir unseren Gefühlszustand von unseren Mitmenschen oder Tieren abhängig. Geht es der Familie gut, geht es mir auch gut. Wenn mein Tier glücklich ist, bin ich es auch. Kommen Ihnen diese Sätze bekannt vor? Wenn dem so ist, dann schreiben Sie doch einfach einmal auf, wie Sie unabhängig von Außen in sich selbst ein Gefühl von Glück erzeugen können.

Sind Sie vielleicht glücklich, wenn Sie im Wald spazieren gehen?

Fühlen Sie sich geliebt, wenn Sie eine Meditation machen?

Erlangen Sie ein Gefühl von Sicherheit, wenn Sie in Ihrer Wohnung sind und gemütlich auf der Couch sitzen?

Empfinden Sie Liebe, wenn Sie einen schönen Film sehen, tolle Musik hören oder einfach ein schönes Bild anschauen?

Sobald Sie begreifen, dass Sie sich auch unabhängig von anderen Menschen oder Ihren Tiere glücklich, geliebt oder zugehörig fühlen können, wird das Gefühl des Mangels verschwinden. Sie haben zu jeder Zeit die Gelegenheit, sich all diese Situationen ins Gedächtnis zu rufen, wenn es Ihnen nicht gut geht oder wenn wieder einmal negative Gefühle aufkommen. Sobald Sie sich das bewusst gemacht haben, wird sich auch das Spiegelthema auflösen, sofern nicht noch weitere Themen hinter der Situation stecken. Natürlich sollte der Hündin zudem noch gezeigt werden, wie wichtig sie in der Familie ist. Im vorherigen Beispiel hat man das gemacht, indem man Püppi den Prinzessinnenstatus genommen hat. Wäre hier alles beim Alten geblieben, würde die Situation sicherlich früher oder später wieder eskalieren.

Sollte die Lage in der Familie noch immer nicht harmonisch sein, so spiegelt sich hier noch das Thema Selbstwert und Selbstvertrauen wider. Dass Maya kein Selbstwertgefühl hat, weil sie sich kleiner fühlt als Püppi, ist keine Vermutung, sondern eine Tatsache. Ich bin mir sicher, dass es ihrer Menschenfreundin ebenfalls am Selbstvertrauen mangelt.

Spiegelthema Kontrolle

Hunde, die jagen
Hunde, die nicht gut hören

Kontrolle gehört ebenfalls zu den Hauptthemen der Hundebesitzer. Wir möchten die Lage im Griff behalten, möchten, dass unser Tier brav, lieb und folgsam ist und auf gar keinen Fall etwas tut, was wir nicht kontrollieren können. Der Jagdtrieb unseres Vierbeiners ist daher für uns Hundefreunde etwas ganz Schlimmes. Aus diesem Grund lassen wir die Tiere meistens an der Leine, da wir dann die Situation zumindest äußerlich im Griff haben. Kontrolle finde ich sehr spannend, denn meine Hündin Safi sagte im Welpenalter schon zu mir, dass ich sie nicht ständig kontrollieren solle. Ich wollte das nicht, aber ich als Überfrauchen hatte auch Angst, dass Safi negative Erfahrungen mit anderen Hunden machen könnte. Ich wünschte mir einen verträglichen Hund, einen, der frei mit anderen spielen kann und der mich nicht blamiert. Viele Hundebesitzer schämen sich nämlich für einen bellenden Hund, ohne sich zu fragen, warum er eigentlich bellt. Aus diesem Grund griff ich ständig in das Verhalten meiner Hündin ein. Ich verunsicherte sie nicht nur, sondern ich wollte die Kontrolle über die Situation behalten. Sofern einem dies irgendwann einmal bewusst wird, weiß man, wie lächerlich dieses Verhalten ist, denn keine Situation ist zu hundert Prozent kontrollierbar. Ja, wir Hundemenschen haben hier ein großes Thema, und unsere Hunde zeigen uns dies oftmals auf, indem sie weglaufen, nicht hören und ihren eigenen Kopf haben, ganz nach dem Motto: »Was kostet die Welt? Das Leben ist schön, und ich möchte es in jeder Situation auskosten. Es ist mir im Moment egal, wie du dazu stehst.«

Ich begriff die Tragweite der Worte meiner Hündin erst zwei Jahre später. In einer Sitzung bei einer Freundin fiel das Wort Kontrolle, und ich versuchte herauszufinden, wo ich diese nicht abgeben wollte. Die Frage lautete: »Was willst du kontrollieren?«

Mir fielen sofort Safis Worte wieder ein. Mit einem Mal war mir klar, dass sie schon damals nicht nur von der Kontrolle gesprochen hatte, die sie selbst betraf, sondern von Kontrolle im Allgemeinen.

Neigen Sie auch dazu, Situationen zu kontrollieren? Denken Sie nicht auch, dass es so ausgeht, wie Sie es sich vorstellen, wenn Sie dieses so und jenes so machen? Sind Sie, ebenso wie ich, auch schon mehrmals eines Besseren belehrt worden? Das Leben ist nicht kontrollierbar! Meistens versuchen wir ja, die Lebensbereiche unter Kontrolle zu bringen, die wir nicht wirklich beeinflussen können. Die meisten dieser Situationen betreffen unser Umfeld, welches bekanntlich nicht zu kontrollieren ist. Ich dachte damals: Nur wenn ich Seminare gebe, kann ich in der Selbstständigkeit überleben. Mit einem Mal wurde mir schlagartig bewusst, wie tief greifend diese Überzeugung war. Zum einen stimmte es nicht, was ich aber damals noch nicht wusste, zum anderen erzeugte es enormen Druck in mir. Das Tolle an der ganzen Situation war aber, dass ich sie verändern konnte. Jetzt, wo ich mein Problem kannte, konnte ich es angehen und ändern. Ich weiß noch genau, dass ich damals ein Seminar geplant hatte, zu welchem sich nur drei Teilnehmer angemeldet hatten. Ich wollte es nicht für diese drei Menschen halten, denn ich hatte mir mehr Teilnehmer für dieses Seminar gewünscht. Zum anderen dachte ich aber, dass ich mit dieser Einstellung nicht lange überleben würde. So versuchte ich krampfhaft, noch weitere Teilnehmer zu finden. Schlagartig wurde mir bewusst, dass ich diese Situation unter Kontrolle bekommen wollte. Ich ließ mich von Ängsten leiten, während ich ja auf die Zusage von fremden Menschen angewiesen war. Ich konnte es nicht beeinflussen, ob sich noch jemand anmeldete oder nicht. Mir wurde klar, dass ich es nicht kontrollieren konnte. Ich tat das einzig Richtige und sagte das Seminar ab.

 *Was soll ich sagen, das Universum begrüßte meine Entscheidung. Sofort öffneten sich andere Türen, und binnen zwei Stunden kam das Geld auf andere Art und Weise zu mir.*

Ich erkannte, dass mein Glaubenssatz falsch gewesen war. Auch ohne Seminare konnte ich »überleben«. Ich würde deswegen nicht auf der Straße sitzen müssen und auch mein Kühlschrank würde weiterhin gefüllt sein. Es war das erste Mal, dass ich die Kontrolle über eine Situation, die ich ohnehin nicht beeinflussen konnte, abgegeben hatte. Meistens ist uns nicht einmal bewusst, dass wir die Situationen, die wir kontrollieren möchten, nicht selbst in der Hand haben. Die erste Frage sollte also immer sein: Kann ich selbst diese Situation verändern? Wenn wir hier guten Gewissens mit Ja antworten können, dann können und sollten wir sie verändern.

Sobald jedoch klar wird, dass wir es nicht selbst in der Hand haben, die Situation zu verändern, sollten wir das akzeptieren. Dann kann sich der Druck in unserem Inneren auflösen – wenn wir es zulassen. Auch wenn wir denken, dass wir noch mehr versuchen müssten, die Situation krampfhaft umzulenken, wird dennoch nichts passieren. Ich habe die Erfahrung gemacht, dass Handlungen, die aus Angst geschehen, niemals funktionieren. Und die Kontrolle behalten zu wollen, hat indirekt in jedem Fall auch etwas mit Angst zu tun.

Noch einmal zusammenfassend zum Thema Kontrolle: Immer dann, wenn Sie erkennen, dass Sie eine Situation kontrollieren möchten und krampfhaft versuchen, etwas zu ändern, egal, ob es der Hund oder die Katze, das Kind oder etwas anderes ist, fragen Sie sich:

- 🐾 *Habe ich diese Situation selbst in der Hand?*

- 🐾 *Kann ich die Situation verändern?*

- 🐾 *Kann ich die Ansichten/das Verhalten des an der Situation beteiligten Menschen/ Tieres verändern?*

Falls Sie diese Fragen mit NEIN beantworten müssen, ist es offentsichtlich, dass es nicht in Ihrer Hand liegt. Das Gefühl, dass Sie die Situation kontrollieren könnten, ist eine Illusion. Freuen Sie sich, Sie sind jetzt schon einen großen Schritt weiter.

Spiegelthema Loslassen

Der angeleinte Hund

Unsere Fähigkeit loszulassen, hat ebenfalls etwas mit unserem Wunsch nach Kontrolle zu tun. Wie ich schon sagte, neigen wir Hundebesitzer dazu, Situationen unter Kontrolle behalten zu wollen. Was ist aber der Unterschied zum Loslassen? Was ist mit Loslassen überhaupt gemeint?

Während der Entstehung dieses Buches habe ich viele Einsichten erhalten und die Themen haben sich mir teilweise wie auf dem Silbertablett präsentiert. Ich finde es erstaunlich, wie sich oft alles fügt und aneinanderreiht. Gerade zum Thema Loslassen wusste ich erst einmal nicht, was ich schreiben sollte. Umso glücklicher war ich, als mir die Erkenntnis wie ein Blitzschlag während eines Spaziergangs kam. Dass meine Hündin immer wieder meine Unsicherheiten und Ängste spiegelte, habe ich schon erwähnt. Safi geht an der Leine, denn sie hat als Welpe gejagt und es gibt ja überall Straßen und andere gefährliche Situationen. Ich als »Überglucke« möchte natürlich auf gar keinen Fall, dass ihr etwas passiert. Während besagtem Spaziergang, als sie wieder einmal unsicher und zaghaft neben mir ging, ist mir bewusst geworden, dass ich meiner Safi jegliche Verantwortung für sich selbst abnehme. Ich behüte und beschütze sie und verwehre ihr dadurch jegliche Chance auf die eigene Weiterentwicklung. In diesem Moment ist mir bewusst geworden, dass unsere tiefe Verbundenheit durch die Leine noch einmal verstärkt wird. Ich binde sie im wahrsten Sinne des Wortes an mich! Diese Erkenntnis war wie ein Schlag ins Gesicht. Es ist nicht meine Absicht, über mein Tier zu bestimmen, egal, aus welchen Beweggründen. Ich möchte, dass es unabhängig und eigenständig lebt, sich am Leben erfreut und nicht das Gefühl hat, dass es ständig an jemanden gebunden ist.

Also fasste ich einen Entschluss. Ich nahm all meinen Mut zusammen und ließ Safi von der Leine.

Zuerst war sie sehr zaghaft, ging nur ganz nah bei mir und passte sich auch meiner Geschwindigkeit an. Ich bemerkte, dass Safi diese Freiheit verunsicherte und dass sie irgendwie immer noch bei mir festsaß. Mir fiel eine Meditation von Susanne Hühn ein, bei der man sich von Stricken und Verbindungen lösen soll, sodass wieder jeder Beteiligte für sich selbst sein kann. Sie sagt in der Meditation, dass man sich von Schnüren lösen soll, die einem die Kraft nehmen und einem nicht guttun.

Die Verbindung zu meinem Hund empfinde ich nicht als belastend oder kräftezehrend, aber vielleicht war es ja umgekehrt für Safi so. Ich stellte mir vor, dass aus meinem Bauchnabel eine Schnur zu meiner Hündin führte. Es war eine leuchtende Schnur, die eigentlich mehr einer Stange glich. Sie war fest und starr. Bevor ich sie durchtrennte, bemerkte ich einen großen Widerstand in mir. Angst kam auf, und so fragte ich meine Safi, ob es für sie okay sei, wenn ich jetzt diese Verbindung trennen würde. Sie meinte:»Für mich ist das in Ordnung.«

So durchtrennte ich die Stange. Ich stellte mir dazu die Schnur vor, die wieder in meinen Bauchnabel zurückfloss. Es fühlte sich komisch an, doch was ich dann beobachten durfte, war unfassbar:

Meine Hündin bewegte sich von mir fort. Sie lief in der Regel ohne Leine maximal 3 Meter von mir weg, doch jetzt vergrößerte sich unser Abstand auf 15 bis 20 Meter.

Ich fühlte eine innerliche Freude und erkannte, was Loslassen bedeutet: Nicht nur einen Gedanken oder einen Glaubenssatz aufzugeben, sondern einem anderen Freiheit zu schenken.

Wir gingen weiter und wurden einige Momente später von einem Hasen überrascht. Meine Hündin wurde sofort zur Jägerin und lief hinter dem Hasen her. Ich pfiff sie zurück und nachdem sie noch ungefähr 10 Meter weitergelaufen war, kam sie mit einem glücklichen Gesichtsausdruck zu mir zurück. Dadurch durfte ich erfahren, dass man durch Loslassen auch Vertrauen geschenkt bekommt. Sofern man es überhaupt einmal ausprobiert. Durch das ewige Festhalten habe ich ihr unbewusst auch nie mein ganzes Vertrauen geschenkt. Ein Wunder und ein Glück, dass Safi mir das nicht gespiegelt hat.

Natürlich gibt es auch jetzt noch Situationen und Orte, wo Safi an der Leine läuft, aber sooft es möglich ist, erhält sie ihre Freiheit zurück. Ich lasse sie los, und indem ich ihr vertraue, braucht sie meine Ängste und Unsicherheiten nicht mehr zu spiegeln. Sie kann endlich wieder sie selbst sein und mit Freude beim Spaziergang herumtollen.

Spiegelthema Wut, Zorn, Ärger oder Verteidigung
Der bellende Hund

För viele Hundehalter ist der bellende Hund am Zaun nichts Ungewöhnliches. Manchen Menschen macht dies überhaupt nichts aus. Sie stören sich nicht an dem Bellen und finden es nicht nervig, wenn das Tier sich am Zaun behauptet und sich wie der große Boss aufführt. Sollten Sie zu denjenigen gehören, die sich daran stören, sollten Sie wissen, welche Themen dieses Verhalten spiegelt und was es damit auf sich haben könnte. Es wäre zum einen möglich, dass in Ihnen Emotionen wie Wut, Zorn und Ärger schlummern, die sie entweder herauslassen oder die sie unterdrücken. Menschen, die innerlich wütend sind, sollten diese Emotion annehmen und nicht dagegen ankämpfen. Es ist in Ordnung, wenn man Wut, Ärger oder Zorn in sich spürt, wichtig ist nur, diese Gefühle anzuerkennen und gegebenenfalls den Auslöser zu beseitigen, ohne sie weiter unterdrücken zu wollen. Ich weiß, man möchte diese Emotion gar nicht in sich haben. Gerade bei spirituellen Menschen habe ich festgestellt, dass sie sich gerne als liebevolle und verständnisvolle Personen sehen. Trotz allem ist es dennoch so, dass in jedem von uns auch negative Emotionen verankert sind. Wir verstecken sie nur gut, sie sind meistens in der untersten Schublade, im hintersten Kellerwinkel untergebracht. Doch irgendwann ist die Zeit gekommen, in der man diese Emotionen nicht mehr zurückhalten kann. Sie möchten entdeckt und gesehen werden, sie möchten Aufmerksamkeit und auch Akzeptanz. Meistens verschwinden sie dann wieder von ganz alleine und manchmal sind es noch nicht einmal unsere eigenen Emotion, die wir da spüren und ausleben (wie ich Ihnen gleich noch genauer erklären werde).

Nehmen Sie sich für die folgende Übung ein paar Minuten Zeit. Fühlen Sie nun Ihre Wut oder Ihren Zorn, und stellen Sie sich innerlich die Frage: »Was möchtest du von mir?« Manchmal sagt die Emotion, dass sie Liebe oder Aufmerksamkeit braucht. Sofern Sie eine Antwort bekommen, geben Sie Ihrer Emotion das, was sie sich wünscht. Falls keine Antwort kommt, fragen Sie weiter: »Gehört diese Emotion zu mir?« Falls ja, versuchen Sie, diese jetzt in Ihr Herz einzuladen. Stellen Sie sich dazu vor, dass sich Ihr Herz wie eine Lotosblume öffnet und Sie die Emotion zulassen. Holen Sie sie jetzt in Ihr Herz. Das kann manchmal schmerzhaft sein, vielleicht wehren Sie sich auch dagegen. Lassen Sie es trotzdem zu. Versuchen Sie einfach, sie mit Liebe zu betrachten. Sofern es funktioniert, dass Sie die Emotion in Ihr Herz lassen, ist sie wirklich nur Ihre gewesen. Anders ist es, wenn Sie eine gewisse Abwehr spüren. Dann sollten Sie noch einmal fragen:

»Gehört diese Emotion nur zu mir?« Wenn ein Nein kommt, dann lassen Sie jetzt alle Menschen vor Ihrem geistigen Auge auftauchen, denen Sie diese Emotion zurückgeben möchten. Es tauchen vielleicht Bilder Ihrer Mutter, Ihres Vaters oder Ihres Partners auf. Egal, wer es ist: Geben Sie dieser Person jetzt die Wut und den Zorn zurück. Sofern derjenige dies nicht möchte, machen Sie ihm klar, dass es nicht Ihre Emotionen sind und dass auch er sie dorthin zurückgeben kann, von wo er sie bekommen hat. In der Regel nehmen diese Personen uns dann die Emotionen ab. Wenn Sie dies getan haben, können Sie noch einmal versuchen, die Emotion in Ihr Herz zu lassen. Sofern nur noch der Teil übrig ist, der wirklich von Ihnen kommt, wird es funktionieren.

 *Der bellende Hund setzt in diesem Fall nur die Energien frei, die Sie noch wütender machen, als Sie es ohnehin schon waren. Der Hund kann natürlich erzogen werden, doch wenn keine Erziehungsmaßnahmen greifen, wäre es an der Zeit, einmal genauer hinzuschauen.*

Anders verhält es sich, wenn man die Wut und den Zorn, den Groll oder den Ärger gegen andere immer wieder unterdrückt. Hier zeigt uns unser Familienfreund mit seinem Bellen, dass man durchaus auch mal den Mund aufmachen soll, dass man »bellen« darf und sich nicht ständig alles gefallen lassen muss, egal, in welcher Situation. Meistens lassen wir aus Rücksicht auf unsere Mitmenschen unserer Wut keinen Lauf. Manchmal handeln wir auch so, weil wir Angst haben, eine Grenze zu ziehen und lassen uns darum lieber von anderen in eine Opferrolle stecken. Hier ist es wichtig, sich zu fragen, ob man noch weiter bereit ist, in dieser Haltung zu verharren, oder ob es nicht an der Zeit ist, seinen Unmut kundzutun. Obwohl wir oftmals nur aus Rücksicht zu handeln scheinen, steckt in Wirklichkeit sehr viel Unehrlichkeit in solchen Situationen, denn unsere Mitmenschen dürfen durchaus wissen, wenn sie uns verletzt, gekränkt oder geärgert haben. Falls Sie sich hier angesprochen fühlen, sollten Sie sich bewusst machen, wer oder was Sie ärgert und wem Sie gegebenenfalls einmal Paroli bieten möchten. Machen Sie sich klar, dass Ihr Tier diese Emotionen von Ihnen aufnimmt und die Energie, die Sie in sich tragen, nach außen projiziert. Hunde sind unsere Freunde und sie zeigen uns tagein, tagaus, was wir an unserem Verhalten ändern könnten, damit wir in der Lage sind, glücklich und zufrieden zu leben. All jene, die dieses Geschenk für sich nutzen und aufhören, sich über das Verhalten ihres Hundes zu ärgern, können mit dem Tier in Harmonie leben. Die anderen werden sich weiter darüber ärgern, aber langfristig nichts verändern können. Wie sagte mein Hundtrainer einmal: »Es ist nicht der Hund, der Fehler macht, sondern immer der Mensch am anderen Ende der Leine.« Wie recht er doch hat!

Natürlich ist es nicht leicht, jemandem seine Meinung zu sagen, wenn man sich fürchtet oder schüchtern ist. Das Beste ist, sich vorzustellen, was im schlimmsten Fall passieren kann. In der Regel sind die Konsequenzen nicht so schlimm, als wenn man weiter in der Situation ausharrt. Vielleicht stellen Sie sich auch vor, wie Ihr Leben weitergeht, wenn Sie nicht Ihre Meinung sagen? Wie wirkt es sich auf Sie aus, wenn die Menschen mit Ihnen verfahren können, wie es Ihnen beliebt, nur weil Sie nicht den Mut dazu finden, einmal auf den Tisch zu hauen? Was ist am Ende schlimmer?

Wenn Sie die Antwort kennen, wird es Ihnen leichterfallen, Ihren Gefühlen freien Lauf zu lassen und das zu sagen, was Ihnen wichtig ist. Glauben Sie mir, es tut so gut, und Ihr Hund wird es Ihnen danken.

Spiegelthema Freiheit
Hunde, die weglaufen und nicht hören

Kurz möchte in an dieser Stelle auf das Spiegelthema »Freiheit« eingehen, da es manchmal auch bei Hundemenschen vorkommt. Da es bei Katzenmenschen jedoch viel häufiger im Vordergrund steht, gehe ich im Katzenteil noch näher auf dieses Thema ein.

Immer wieder bekomme ich Anfragen von Menschen, deren Hunde aus dem Auslandstierschutz kommen. Meistens sind es Straßenhunde, die es nicht gelernt haben, in einer Familie zu leben. Sie sind es gewohnt, in Freiheit mit Artgenossen ihr Leben zu meistern. Sobald solche Hunde in einer Familie leben, neigen sie öfter dazu, auszubüchsen oder während eines Spaziergangs wegzulaufen und auch auf Zuruf nicht zurückzukommen. Man hat den Eindruck, dass sie glücklich sind, wenn sie das Gefühl der Freiheit erfahren und jegliche Verpflichtung hinter sich lassen können. Die Menschen denken in diesen Fällen oft, dass die Tiere sie nicht lieb haben. Bei meinen Gesprächen mit solchen Hunden kommt aber etwas ganz anderes zutage. Die Hunde erzählen mir davon, dass sie symbolisch ausagieren, was ihren Menschen fehlt. Sie möchten, dass Herrchen oder Frauchen anfängt, sich von den eigenen Fesseln zu befreien, um das Leben zu genießen. Sie wollen, dass man sich von Dingen trennt, die einen nur aufhalten und behindern. Das ist natürlich nicht immer in vollem Umfang realisierbar, aber oft helfen ja schon kleine Veränderungen, damit es einem selbst wieder besser geht. Sobald Sie anfangen, Ihren eigenen Weg wirklich zu leben, wird auch das Tier besser hören und auf Zuruf zurückkommen.

Spiegelthema Sympathie

Der Hund, der bei bestimmten Menschen angespannt ist

Sicherlich ist Ihnen als Hundbesitzer schon aufgefallen, dass Ihr Hund manche Menschen freundlich und andere Menschen eher mit Zurückhaltung begrüßt, manche vielleicht anbellt oder gar anknurrt. Dies kann zum einen daran liegen, dass dieser Mensch nicht ehrlich ist, der Hund dies erkennt und entsprechend reagiert. Ich muss zugeben, dass ich auch vorsichtig im Umgang mit Menschen bin, die meine Hündin offenbar nicht mag. Da gibt es das Beispiel eines Hundes, der den neuen Partner seines Frauchens nicht mag. Zuerst denkt man vielleicht an Eifersucht, weil der Hundegefährte nicht von unserer Seite weicht, als wolle er uns beschützen. Doch er reagiert auf Bewegungen des neuen Partners angespannt und unruhig. In diesen Fällen sollte man vielleicht genauer hinschauen, denn das Tier spürt gegebenenfalls, dass der Mensch nicht zu einem passt.

 *Es kann aber auch umgekehrt sein: Man selbst mag jemanden nicht, der Hund spürt dies sofort und wird sein Verhalten dem unserem anpassen.*

Ich konnte das vor zwei Jahren bei meiner Hündin beobachten. Wir trafen beim Spaziergang immer wieder eine Dame mit ihrer Hündin. Die Hunde verstanden sich gut und spielten miteinander. Die Unterhaltung mit dieser Dame war für mich allerdings sehr anstrengend und nervig. Egal, was man sagte, sie wusste ständig alles besser. Außerdem war sie in meinen Augen sehr ignorant, was andere Hundebesitzer betraf, wenn diese ihren Hund an der Leine führten und keinen Kontakt wollten. Ich fing an, ihr aus dem Weg zu gehen und wenn wir uns direkt über den Weg liefen zu denken: »Oh nein! Die schon wieder!« Bewusst wurde mir mein Verhalten, als Safi begann, sich der anderen Hündin gegenüber zickig zu verhalten. Sie fing an, zu grummeln und zu knurren, als diese sie begrüßen wollte.

 *Da wurde mir bewusst, dass meine Safi meine eigene Abneigung zeigte, indem sie die andere Hündin, mit der sie sich stets verstanden hatte, anknurrte.*

Das wollte ich allerdings nicht und deshalb versuchte ich, meinen Unmut hinunterzuschlucken und die Dame so zu akzeptieren, wie sie war. Ich war freundlich und nett und sprach mit ihr so unbefangen wie möglich. Sofort veränderte sich das Verhalten meiner Hündin wieder. Manchmal ist es wirklich erstaunlich, wie schnell so ein Wandel vonstattengehen kann.

Teil III
Spiegelthemen
von Katzen und Menschen

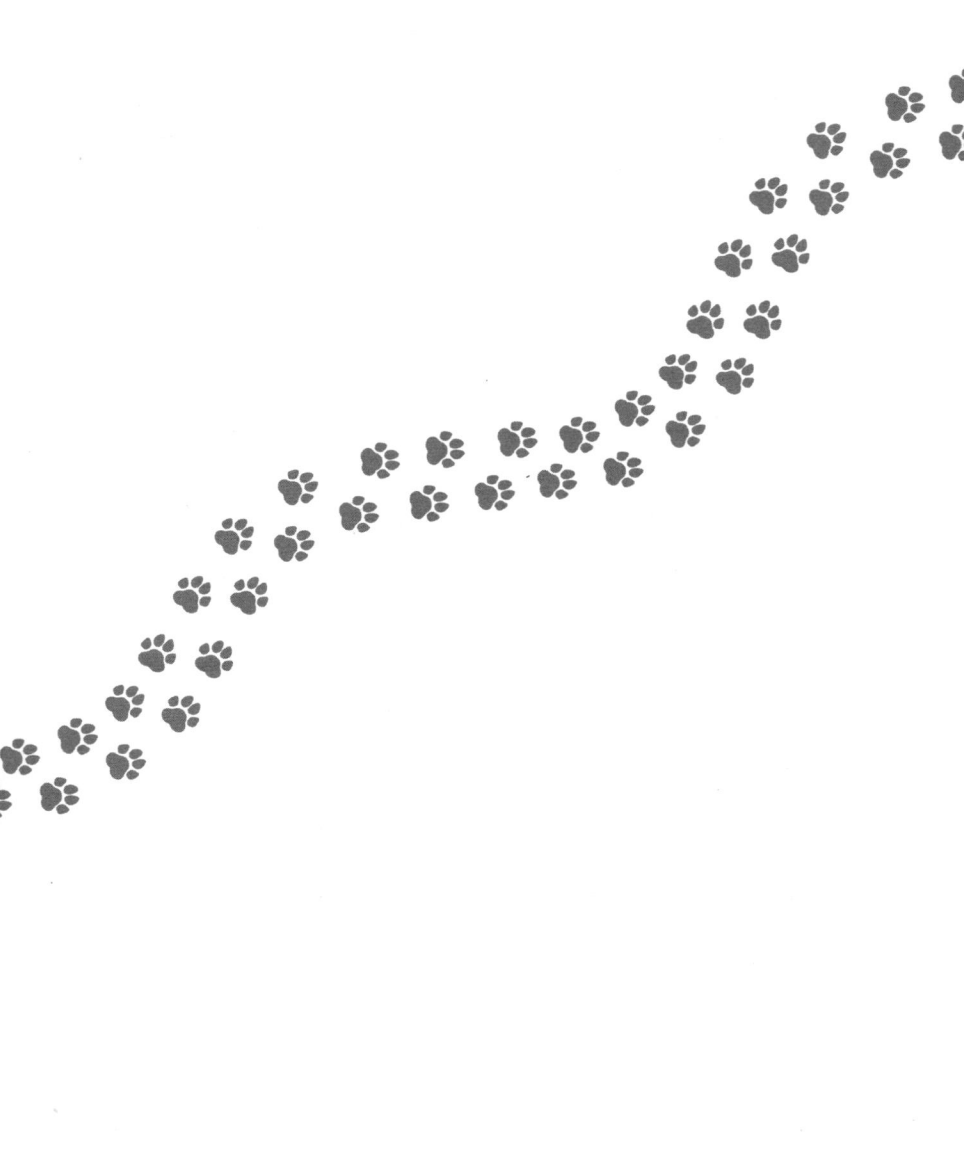

Katzen sind anders als Hunde, und auch die Themen der »Herrchen und Frauchen« unterscheiden sich voneinander. Katzenfreunde sind auf andere Weise besorgt als Hundefreunde, denn die Ängste, die Sie um Ihre Tiere haben, gehen oftmals in Panik über. Die Angst um ihre Lieblinge – vor allen Dingen dann, wenn sie krank sind – nimmt völlig von den Katzenmenschen Besitz. Ich hoffe, Sie verstehen mich an dieser Stelle nicht falsch, denn ich möchte auf gar keinen Fall behaupten, dass Hunde- oder Pferdefreunde nicht auch sehr besorgt sein können. Vermehrt findet man diese Art der Angst jedoch bei Katzenliebhabern. Katzen sind in der Regel sehr eigenständige Tiere und meines Erachtens sehr gute Lehrmeister für ihre Menschenfreunde. Sie sind selbstständig, weise und eigen und sie wissen in der Regel genau, was sie wollen. Sie kontrollieren ihren Menschenfreund und sind sich ihrer Stellung durchaus bewusst. Sie brauchen uns nicht wirklich, weil sie auch ohne uns Menschen gut überleben könnten. Sie sind gute Jäger und man sagt, dass sie sich unsichtbar machen können, wenn sie nicht gefunden werden möchten. Haben Sie diese Beobachtung auch schon gemacht? Sie gehen schon jahrelang an einem bestimmten Haus vorbei und noch nie ist Ihnen die Katze im Hof aufgefallen. Die Katze hat Sie jedoch sicherlich schon lange vorher bemerkt. Katzen sind wunderbare Wesen und sehr spirituell, doch auch wenn man nicht an solche Dinge glaubt, streitet man ihnen ihre Erhabenheit und ihr königliches Verhalten nicht ab. Manche Menschen können Katzen nicht leiden, was vielleicht daran liegt, dass diese unabhängig sind, und diesen Menschen diese Tatsache nicht gefällt. Vielleicht steckt sogar ein bisschen die Angst dahinter, dass Katzen klüger und selbstständiger sein könnten, als der Mensch es ist. Solche Menschen können keinen Bezug zu diesen Wesen aufbauen. Eventuell ist meine Aussage ein wenig zu weit hergeholt, doch je mehr ich darüber nachdenke, desto logischer erscheint sie mir. Trotzdem ist es nur mein Gedanke, es muss nicht auch der Ihrige sein. Wenn ich zehn Jahr zurückdenke, wird mir klar, dass auch ich damals ein Mensch war, der auf gar keinen Fall eine Katze wollte, weil diese Tiere mir zu selbstständig waren. Ich hatte das Gefühl, dass sie die Menschen gar nicht wirklich brauchen und dachte, dass man keine Beziehung und wahre Bindung zu ihnen aufbauen könne. Genau aus diesem Grund hatte ich immer Hunde als Haustiere. Heute weiß ich, dass Katzen sehr wohl Bindungen eingehen, aber dass diese dann ein Geschenk ihrerseits sind. Sie nehmen sich nämlich durchaus das Recht und die Freiheit heraus, ihre eigenen Wege zu gehen. Durch meine mentalen Gespräche mit den Katzen weiß ich allerdings, dass meistens Liebe hinter ihren Taten steckt. Für die betroffenen Tierfreunde ist dies nicht leicht zu verstehen, aber so sind sie eben, die Katzen. Wunderbare und interessante Geschöpfe, die aber, sofern sie die Gelegenheit haben, auch ihren Freiheitsdrang zum Ausdruck bringen.

Hauptthemen der Katzenmenschen

- Ängste
- Loslassen in Verbindung mit Kontrolle
- Das Leben genießen – Freiheit

Untergeordnete Themen:

- mangelndes Vertrauen
- mangelnde Aufmerksamkeit
- Streit/Ärger

An dieser Stelle möchte ich noch einmal daran erinnern, dass nicht jedes Tier uns etwas spiegelt. Sofern es keine Probleme gibt, ist alles bestens. Alle sind glücklich und zufrieden.

Spiegelthema Ängste

Katzen, die sich verstecken

Es gibt viele Katzen, die Ängste haben. Manche verkriechen sich sogar schon, wenn es an der Tür klingelt oder eine Papiertüte raschelt. Innerhalb von Sekunden ist das Tier dann hinter dem Schrank, unter dem Sofa oder dem Bett verschwunden. Manchmal sind die Ängste so extrem, dass die Tiere durchaus auch panisch reagieren. Für alle Beteiligten bedeutet dies Stress. Meistens haben diese Tiere auch Menschen um sich, die ebenfalls sehr starke Ängste haben. Die Angst bezieht sich bei den Katzenmenschen aber ganz oft direkt auf das Tier. Wenn die Katze krank ist, haben diese Menschen Panik, dass sie sterben könnte – überhaupt ist der Gedanke an den Verlust des Tieres sehr stark verbreitet.

In der Regel entstehen Verlustängste schon sehr früh in der Kindheit. Vielleicht haben wir sie sogar aus einem früheren Leben mitgebracht oder von unseren Eltern übernommen.

Sind Sie sehr behütet aufgewachsen? Hat man Ihnen den nötigen Freiraum gegeben, damit Sie Ihre eigenen Erfahrungen machen konnten? Bei meinen Klienten war es meistens so, dass der frühe und plötzliche Abschied eines geliebten

Menschen oder Tieres diese Verlustangst ausgelöst hat. Die Katzen spiegeln sie mit ihrem Verhalten. Sie möchten darauf hinweisen, dass wir anfangen dürfen, unsere Ängste zu überwinden oder aufzulösen.

Ich glaube, dass in vielen Fällen die Trauer über den erlebten Verlust noch nicht verwunden ist und der Schmerz darüber noch sehr tief sitzt. Hier wäre es angebracht, den Schmerz oder die Trauer zu betrachten und noch einmal zu durchleben. Die Erfolgsautorin Brandon Bays zeigt in ihrem Buch »The Journey« eine großartige Methode, wie man Emotionen richtig durchlebt.

Sie sagt, dass hinter jeder Emotion eine weitere versteckt ist, immer weiter, bis irgendwann eine Leere auftaucht. Durch diese soll man hindurchgehen, dann erlebe man das Gefühl der absoluten Präsenz. In diesem Zustand werde einem bewusst, dass alles gut ist und zwar genau so, wie es ist. Dadurch breitet sich innerer Frieden in uns aus.

Nachdem dieses Gefühl erlebt wurde, geht man durch die erlebten Emotionen bis zum Punkt des Vergebungsprozesses zurück. An dieser Stelle wird dann mit allen Beteiligten der damaligen Situation ein heilendes Gespräch geführt und Vergebung erfahren.

Ich finde diese Methode sehr tief greifend und heilsam. Brandon Bays behauptet auch, dass Trauer und Schmerz, wenn sie gänzlich angenommen und richtig durchlebt werden, in drei Wochen überwunden sind. Sicherlich gibt es auch dann Tage, an denen man einen geliebten Menschen oder ein geliebtes Tier stärker vermisst, aber der Schmerz wird nicht mehr unerträglich sein. Ich kann diese Methode nur empfehlen, denn sie funktioniert, und ihre Wirkung hält lange an. So kann ein jeder seine Ängste und Panik in den Griff bekommen und vielleicht eine Lösung für sich selbst finden.

Ich möchte an dieser Stelle erwähnen, dass es natürlich auch die Fälle gibt, in denen Ängste bei Tieren einfach da sind und rein gar nichts mit uns selbst zu tun haben. Es ist dann das Thema des Tieres, weil es etwas Schlimmes erlebt hat oder traumatisiert ist. Sobald es sich aber um ein Verhalten handelt, das schon lange vorliegt und das sich nicht verändert oder bei dem man nicht den Ursprung kennt, könnte es durchaus sein, dass wir selbst der Schlüssel für die Veränderung sind. In diesen Fällen liegt es an uns, die Situation zu verändern und die Verantwortung zu übernehmen. Gerade dann, wenn die Ängste um unsere Tiere uns lähmen und Panik hervorrufen.

Spiegelthema
Kontrolle aufgeben und loslassen

Wenn die Katze nicht heimkommt

Ganz oft höre ich von den Menschen, wie viel Angst sie um ihre Lieblinge haben, wenn diese draußen in der Natur umherwandern und dann nicht rechtzeitig zu Hause sind. Die Angst, dass den Tieren etwas passiert sein könnte, übermannt sie meistens sehr schnell. Ich denke, dass diese Angst zu den häufigsten Themen in Bezug auf Katzen gehört. Darum zeigen die Tiere mit diesen Aktionen oft, dass auch bei uns etwas nicht stimmt. Wenn eine Katze nicht mehr nach Hause kommt, hat das in der Regel bestimmte Gründe. Der erste wäre, dass die Katze nicht mehr lebt oder irgendwo eingesperrt ist. Ein weiterer Grund könnte sein, dass der Katze zu Hause etwas nicht passt. Manchmal ist es eine Veränderung in der Familie, vielleicht ein neues Tier, ein neuer Partner oder ein Baby, mit dem unser Liebling nicht zurechtkommt. Die Tiere suchen sich dann ein anderes Zuhause, gehen ihren Weg und brechen zu neuen Abenteuern auf. Ich habe natürlich durch meine Arbeit als Tierkommunikatorin den Vorteil, dass ich herausfinden kann, warum ein Tier nicht mehr nach Hause kommt, und so weiß ich, dass es auch die Fälle gibt, in denen uns die Tiere mit dem Fernbleiben etwas aufzeigen möchten. Sie möchten uns lehren, dass wir loslassen müssen, dass wir nicht die Kontrolle über sie haben. Ich denke, dass das oft recht schwer zu akzeptieren ist. Wenn Sie sich hier angesprochen fühlen, dann haben Sie wahrscheinlich das Bedürfnis, sowohl die Katze als auch die Familie oder andere Inhalte in Ihrem Leben zu kontrollieren. Dadurch entsteht im Inneren ganz viel Druck, den es dann loszulassen gilt. Ich weiß, dass diese Menschen mich am liebsten darum bitten würden, ihrem Tier mitzuteilen, dass es doch bitte zu bestimmten Zeiten nach Hause kommen soll. Es ist zwar möglich, mit den Tieren zu kommunizieren, doch glauben Sie mir, Katzen lassen sich nicht so in ihr Leben hineinreden. Dazu sind sie, zumindest in den meisten Fällen, viel zu selbstständig und viel zu selbstsicher.

Eine Klientin rief mich eines Tages an und bat mich, mit ihrem geliebten Kater zu sprechen. Sie sagte mir, dass er nicht heimgekommen sei und dass sie sich große Sorgen um ihn machen würde. Ich versuchte, sie zu beruhigen und meinte, dass er bestimmt wiederkäme. In einem Gespräch hat mir der Kater dann mitgeteilt, dass er auf jeden Fall wiederkommen würde, aber dass seine Liebe zu Hause lernen müsste, ihn »freizulassen«. Er wollte ihr mit dem Fernbleiben zeigen, dass sie ihn nicht kontrollieren kann. Nachdem ich ihr das mitgeteilt hatte, entgegnete sie mir, dass sie es schon gerne mag, wenn alles seine geregelte Ordnung hat. Ich habe ihr dann erklärt, dass wir es alle gerne so hätten, aber dass Katzen ganz bestimmt nicht so funktionieren würden. Nach einem längeren Gespräch fand ich heraus, dass sie auch versuchte, ihre sechzehnjährige Tochter zu kontrollieren. Sie wollte stets wissen, wo sie sich aufhielt und mit wem sie unterwegs war. Das ist durchaus nachvollziehbar, doch ganz bestimmt nicht gut für das eigene Seelenheil. Es ist nicht möglich, über jeden Schritt unserer Liebsten Bescheid zu wissen, und alleine der Gedanke, das tun zu müssen, erzeugt schon enormen Druck.

Stellen Sie sich einmal vor, Sie müssten über alle Schritte Bescheid wissen, die Ihre Familie unternimmt, über jede Sekunde, jede Minute des ganzen langen Tages. Schrecklich, oder?
Das Beste ist in diesem Fall, erst einmal tief durchzuatmen, um sich dann darüber klar zu werden, ob man die Situation selbst beeinflussen kann.

Ich meine damit Folgendes: Haben Sie in oben genanntem Beispiel die Möglichkeit, etwas zu beeinflussen? Wenn die Tochter jetzt nicht an dem Ort ist, an dem sie Ihres Wissens nach sein sollte, haben Sie erst einmal keinen Einfluss darauf. Es gilt, darauf zu vertrauen, dass sie die Wahrheit gesagt hat. Falls nicht, sind Sie trotzdem nicht in der Lage, diese Situation zu beeinflussen oder zu kontrollieren. Genauso ist es mit vielen weiteren Dingen in unserem Leben.

Die Katze kam übrigens, sofort nachdem wir angefangen hatten, an diesen Themen zu arbeiten, wieder heim. Oftmals reicht es deshalb bereits aus, dass wir den Willen haben, etwas zu verändern. Das Tier ändert sein Verhalten in der Regel schon, obwohl wir das angestrebte Ergebnis noch nicht erreicht haben.

Vielleicht formulieren Sie in diesem Fall einfach einen Fragesatz, der Ihrem Wunsch entspricht, z. B.:

🐾 *Wie kann ich frei von Kontrolle leben?*

🐾 *Wie kann ich voller universellem Vertrauen leben?*

🐾 *Warum bin ich voller Vertrauen und gebe die Kontrolle auf?*

Sie müssen sich keine Antwort überlegen. Stellen Sie einfach nur diese Fragen. Es gibt so viele Möglichkeiten, unsere Muster und Verhaltensweisen zu verändern. Es bedarf dazu lediglich etwas Ausdauer und Geduld.

Fassen wir an dieser Stelle noch einmal zusammen:
Die Gründe, warum eine Katze nicht mehr nach Hause kommt, können mit den äußeren Umständen zu tun haben. Sie könnte tot sein, eingesperrt sein, eine neue Familie haben, mitgenommen worden sein. Oder es hat mit uns selbst zu tun. In allem steckt eine Chance, auch wenn wir diese oftmals nicht gleich verstehen.

Im oberen Beispiel ging es um die Kontrolle, im nächsten Beispiel geht es um das Loslassen.

Loslassen ist ein Wort, welches viele von uns schon gar nicht mehr hören können. Fällt dieses Wort in Bezug auf unser Tier, ist es sogar noch schlimmer. Wer möchte schon gerne hören, dass sein Tier ihm mitteilt, dass er das Loslassen lernen muss. Was bedeutet das überhaupt, LOS-LASSEN? Wir sollen etwas lassen, etwas nicht mehr tun. Jeder Verlust – und hier spielt es keine Rolle, ob das Tier tot ist oder einfach nicht mehr nach Hause kommt – ist für uns eine schmerzliche Erfahrung. Am schlimmsten ist es, wenn wir nicht wissen, was genau passiert ist und wo sich unser Liebling aufhält. Haben wir einen Körper, den wir betrauern können, ist es leichter, etwas aufzugeben oder loszulassen, als wenn wir nicht wissen, was genau passiert ist. Was ist also in diesem Fall mit loslassen gemeint?

Meistens geht es hier um Gedanken, die stetig wiederkehren und die wir aufgeben sollen. Wir sollen versuchen, diese nicht zuzulassen. Es sollen die Schuldgefühle aufgegeben werden, die aufkommen, weil wir denken, dass wir es hätten verhindern können. Die Tiere zeigen uns mit ihrem Verhalten ganz genau, wo die eigenen Schwächen liegen und was man verändern darf.

Sollten Sie sich in solch einer Situation befinden, dann versuchen Sie, diese Gedanken aufzugeben. Vergeben Sie sich selbst eventuelle Fehler, denn alles ist genau richtig, so, wie es ist. Es geht hier aber nicht nur um die Gedanken, die sich um das »verlorene« Tier drehen, es geht vielmehr um das Gedankenkarussell im Allgemeinen. Egal, in welchen Bereichen Sie Schuldgefühle oder immer wiederkehrende Gedanken haben, geben Sie diese jetzt ab. Diese hindern Sie nämlich am Weitergehen. Es sind Ausreden, die uns davon abhalten, den nächsten Schritt zu tun.

Lassen Sie darum diese belastenden Gedanken los, und vertrauen Sie lieber darauf, dass alles gut wird bzw. ist. Darum geht es. Ihr Tier zeigt Ihnen, dass immer wiederkehrende Gedanken jetzt gehen dürfen oder dass Sie mit dem »Klammern« aufhören sollten. Meistens klammern wir uns nicht nur an unsere Tiere, sondern auch an Personen, Situationen oder Gedanken. Es ist wie ein Hamsterrad, aus dem man nicht aussteigen kann.

Was kann man jetzt tun? Wie können wir Vertrauen gewinnen? Und wie lässt man wiederkehrende Gedanken ziehen?

Vertrauen kann nicht an einem Tag gelernt werden, das ist ein längerer Prozess mit vielen Erkenntnissen, die uns irgendwann einmal dazu verhelfen, dass wir Gott (ich meine damit die gesamte Schöpfung) und dem Universum vertrauen. Sofern wir uns bewusst machen und dankbar für das sind, was wir schon haben, und uns nicht darauf konzentrieren, was uns fehlt, sind wir schon einen Schritt weiter. Es ist sehr hilfreich, täglich eine Liste zu schreiben mit zehn Punkten, für die man dankbar ist. Diese Liste macht nämlich bewusst, wie gesegnet das eigene Leben schon ist.

Es ist wichtig, sich auch für solche Dinge zu bedanken, die noch nicht eingetreten sind. Formulieren sie die Sätze also so, als wären die Ereignisse schon eingetreten.

Die Liste könnte so aussehen:

 Ich bin von Herzen dankbar, weil meine Safi gesund ist.

 Ich bin so dankbar, dass meine Katze wieder zu Hause ist.

 Dankbarkeit erfüllt mein Herz, weil ich täglich Liebe in meinem Leben erfahre.
Ich bin dankbar für die Schönheit der Natur usw.

Sollten Sie jetzt der Meinung sein, dass Sie keine 10 Dinge finden, für die sie dankbar sein können, so danken Sie für die Dinge, die Ihnen bisher selbstverständlich erschienen.

Seien Sie dankbar für Ihre Familie, Ihre Kinder, Ihre Tiere, den Kaffee oder den Tee, den Sie gerade genießen, das Haus, in dem Sie wohnen. Sie sehen, es gibt so viele Dinge, für die es sich lohnt, dankbar zu sein. Ein universelles Gesetz besagt, dass Dankbarkeit noch mehr Situationen herbeiführt, für die man dankbar ist. Sollte es in Ihrem Leben Bereiche geben, in denen Sie Mangel sehen und fühlen, seien Sie auch hier dankbar für das, was schon da ist. So werden Sie immer mehr bekommen und erreichen.

Durch diese Dankbarkeitsliste kann auch das Vertrauen gestärkt werden, denn bestimmte Situationen werden sich leichter und einfacher anfühlen. Außerdem wird dadurch auch das Karussell der negativen Gedanken gestoppt. Der Weg zum universellen Gottvertrauen ist natürlich noch wesentlich länger und mit dieser Liste alleine sicherlich nicht zu erreichen, doch Methoden wie diese helfen uns dabei, ins Urvertrauen zurückzukommen.

Spiegelthema Leben genießen – sich Freiheiten nehmen

Die Katze, die in die Welt hinaus möchte

Ich möchte an dieser Stelle die Geschichte der beiden Katzen Gina und Minni erzählen, deren liebende Katzenmama eine langjährige Klientin von mir ist. Der größte Wunsch dieser Dame ist seit jeher, dass die beiden Katzen glücklich sind. Gina ist ein Jungspund, ein liebevolles und voller Energie steckendes Wesen. Sie erzählte mir schon vor einigen Jahren, dass sie sich auf das Haus freut, in dem sie einmal leben würde. Sie könnte hinaus in die Natur, und das wäre wunderbar. Obwohl sie zur damaligen Zeit noch in einer Wohnung lebte, erzählte sie mir ständig von diesem Ort. Ginas Frauchen machte sich jedes Mal Gedanken, ob die Katze wohl trotzdem glücklich bei ihr sei, doch es war für Gina nicht wirklich schlimm, dass alles, was sie beschrieben hatte, noch nicht eingetroffen war. Sie meinte stets: »Es ist jetzt eben wie es ist. Alles ist gut.« Im letzten Jahr sind alle drei in eine wunderbare Wohnung mit Garten umgezogen, einem wahren Paradies. Die Katzenmama wollte alles Erdenkliche tun, damit ihre Katzen glücklich sind. Sie hat einen Zaun gebaut, sodass die Tiere hinaus können. Trotzdem erzählte mir Gina immer wieder, dass sie hinaus in die Freiheit wolle und dass es genau das ist, was auch ihre Menschenfreundin gerne hätte: Die Freiheit zu tun, was einem beliebt. In diesem Frühling beobachtete meine Klientin ihre Katze immer wieder dabei, dass sie am Fenster saß und den Nachbarskater durch die Fensterscheibe anfauchte. Der Kater fand Gefallen an der kleinen Gina, und auch Gina fand ihn irgendwann ganz toll. Sie miaute und zeigte immer häufiger an, dass sie in die Welt hinaus wollte. Nach einem langen Gespräch mit ihrer Menschenfreundin wurde dieser klar, dass sie dem Tier ihren Wunsch lassen sollte. Sie wollte ihr die Möglichkeit geben, hinaus- und hineinzugehen, wie es ihr beliebt. Sie sagte zu mir, dass sie mir sofort Bescheid geben würde, wenn sie diesen letzten Schritt gewagt hätte. Auch wenn sie Angst hatte, dass die Katze nicht mehr zurückkommen oder ihr etwas passieren könnte, sah sie auch die Sehnsucht des Tieres, die sie an ihre eigene Sehnsucht erinnerte, das zu tun, wozu sie Lust hat und ihren Weg voller Vertrauen zu gehen. Die Katze spiegelte den Käfig, den meine Klientin sich selbst gebaut hatte, und allein durch den Schritt, der Katze ihre Freiheit zu geben, wurde vieles in ihrem Inneren aufgelöst. Noch am selben Tag rief sie mich glücklich an, dass sie es getan hätte. Sie klang so stolz und erzählte mir voller Freude, wie wild Gina durch den Garten gesaust sei. Sie sagte, dass sie zu Beginn erst ganz zaghaft gewesen sei, ein bisschen ängstlich, aber dann voller Freude durch den Garten gehüpft sei. Ein paar Minuten später sei sie dann im Wald verschwunden. Gina erfreute sich ihrer neu gewonnen Freiheit und ihre Menschenfreundin freute sich mit ihr. Minni hingegen war die Freiheit niemals wichtig gewesen. Sie war zufrieden, so, wie es war, und so genießt sie es zwar, rein und raus zu können, wie sie will, doch den weiten Freigang braucht sie auch heute noch nicht.

Wie aber kommt man an den Punkt, seine eigene Freiheit zu leben?
Wie kann ich mich selbst von den Zwängen befreien, die mich daran hindern, Freiheit zu erlangen?

Meistens ist mit Freiheit nicht gemeint, dass man alles hinter sich lässt, sondern vielmehr ist es die innere Freiheit, auf die uns die Tiere hinweisen. Wir sind gefangen in unseren Mustern und haben meistens nicht den Mut, sie zu durchbrechen. In manchen Fällen sind sie uns noch nicht einmal bewusst.

Hier kann es zum einen darum gehen, sich einmal die Freiheit zu nehmen, alles zu sagen, was einem auf dem Herzen liegt. Sich die Freiheit zu nehmen, für seine Ideale einzustehen, und zum anderen, sich von allem zu befreien, was einen belastet. Sobald Sie sich bewusst sind, was Sie stört oder wovon Sie sich befreien möchten, sind Sie Ihrem Ziel schon ein Stück nähergekommen. Wissen Sie um diese Dinge allerdings noch nicht, dann sollten Sie sich erst einmal eine Liste machen, was Sie aus Ihrem Leben verbannen möchten. Es steht

Ihnen jederzeit frei, etwas zu verändern, sich von Dingen zu befreien, die Sie nur aufhalten oder von etwas abhalten. Es ist Ihre Entscheidung. Vielleicht sagen Sie jetzt: »Na ja, die Gründe kenne ich, aber ich kann es nicht ändern, weil ...« Ich sage Ihnen, wir sind Meister des Geschichtenerzählens. Wir reden uns vieles, was uns eigentlich stört, schön, sodass wir es am Ende so belassen, wie es ist. Angst hindert uns daran, etwas zu verändern. Wenn Sie allerdings wissen, warum Sie so handeln, wie Sie handeln, fällt es Ihnen am Ende vielleicht leichter, das Ganze zu durchschauen und doch eine Lösung zu finden.

 *Es gibt sechs Grundbedürfnisse des Menschen, die wiederum die Grundmotivation für unser Handeln darstellen. Je nachdem, welches Grundbedürfnis an erster Stelle steht, haben wir es entweder leichter oder schwerer, eine Entscheidung zu treffen.*

1. Sicherheit

Sind sie ein Mensch, dem z. B. die finanzielle Sicherheit sehr wichtig ist? Menschen, die dieses Bedürfnis an erste Stelle setzten, werden es schwer haben, Freiheit zu erlangen, weil sie jede ihrer Entscheidungen davon abhängig machen, ob sie Sicherheit verspricht. Für sie ist es schwer, alles stehen und liegen zu lassen, um z. B. das neue Glück in einer anderen Stadt oder gar einem anderen Land zu finden – zumindest dann, wenn nicht ein sicheres Einkommen den Lebensunterhalt gewährleistet. Somit ist es dann auch schwer, die eigenen Träume zu leben, z. B. seiner wahren Berufung nachzugehen, um als Heiler, Tierheilpraktiker, Schriftsteller oder Ähnliches zu arbeiten. Alles, was keine finanzielle Sicherheit bringt, würde man niemals tun. Doch es gibt für alles Lösungen oder Alternativen, denn wer sagt denn, dass man für die Realisierung seines Traumes sein Haupteinkommen aufgeben muss? Warum denkt jeder, dass er selbstständig arbeiten muss, um den eigenen Traum zu verwirklichen? Nicht jeder ist für die Selbstständigkeit geschaffen und jemand, der Sicherheit an der ersten Stelle seiner Grundbedürfnisse stehen hat, sollte sich diesen Schritt gut überlegen. Selbstständigkeit erfordert viel Vertrauen, denn meistens kommt es anders, als man denkt. Wem Sicherheit unendlich wichtig ist, der sollte Möglichkeiten finden, die trotz allem ein gewisses Maß an Sicherheit bergen.

2. Abwechslung und Variation

Sollte Ihnen dieses Bedürfnis am wichtigsten sein, dann sind Ihnen Abenteuer sehr wichtig. Immer wieder etwas Neues machen, Abwechslung in allen Lebensbereichen, das ist das permanente Ziel, damit man so oft wie möglich den Nervenkitzel erleben kann. Man setzt sich mit einem Abenteurer gleich und probiert gewagte Sportarten aus, wie Fallschirmspringen, Free-Climbing, Base-Jumping oder anderes, was den Adrenalinspiegel in die Höhe treibt. Glücksgefühle werden dadurch hervorgerufen. Wenn dieses Grundbedürfnis an erster Stelle steht, sind Familie und auch Tiere sicherlich ein großes Hindernis. Es sind eher die Weltenbummler unter uns, die dieses Grundbedürfnis ausleben. Seine Freiheit lebt man als solcher Mensch schon von alleine aus und eine Katze, die in die Freiheit wollen würde, wäre ganz bestimmt kein Problem.

3. Lob und Anerkennung

Wenn Ihnen dieses Bedürfnis sehr wichtig ist, werden Sie im Außen immer nach Möglichkeiten suchen, die Ihnen Anerkennung bringen. Sie werden sich für andere aufopfern, um dann Lob zu erwarten. Sie legen viel Wert auf Komplimente, die Ihnen der Partner macht. Es ist Ihnen wichtig, was andere über Sie denken und Sie möchten stets einen guten Eindruck machen. In diesem Fall ist es natürlich nicht leicht, die innere Freiheit zu erlangen, denn wenn Sie ehrlich sind, ist Ihr Befinden von anderen abhängig. Sie müssen also Mittel und Wege finden, sich selbst Lob und Anerkennung zu geben. Überlegen Sie sich doch hierzu, was Sie tun können, damit Sie sich wertgeschätzt fühlen. Was können Sie, oder was finden Sie an sich gut? Loben Sie sich selbst für tolle Arbeit, die Sie gemacht haben, dann können Sie dieses Gefühl selbst erzeugen und benötigen niemand anderen dazu.

4. Liebe und Verbindungen

Hier gibt es nur eines zu sagen: Die Liebe steht für Sie an erster Stelle, und alle Entscheidungen werden aus Liebe gefällt. Sie würden ohne zu überlegen Ihren Job aufgeben, um mit Ihrem neuen Partner ins Ausland zu gehen. Einfach, weil man das aus Liebe tut. Natürlich vorausgesetzt, die Tiere könnten mitkommen.

Wäre dies nicht der Fall, würden wir aus Liebe zu unseren tierischen Lieblingen nicht mit dem Partner mitgehen. Entscheidungen, die aus Liebe getroffen werden, sind einfacher, weil man nicht mit dem Kopf, sondern mit dem Herzen entscheidet. Entscheidungen, die aus dem Herzen kommen, sind in dem jeweiligen Moment auch sicherlich richtig. In diesem Fall ist es nicht von Bedeutung, was in der Zukunft sein wird, es geht nur um das Jetzt. Das soziale Umfeld steht stets an erster Stelle: Freunde, Familie, Partner und Tiere.

5. Wachstum

Hier geht es um die persönliche Entwicklung und Selbstfindung. Man besucht Kurse und liest Bücher, weil man ein besserer Mensch werden möchte. Im negativen Sinne vergisst man darüber hinaus aber oftmals das, worauf es ankommt: Das Leben selbst. Außerdem läuft man Gefahr, sich von jemandem abhängig zu machen.

6. Dienen

In diesem Fall ist es uns wichtig, viel soziales Engagement zu zeigen. Wir möchten anderen helfen und sie unterstützen. Wenn dieses Grundbedürfnis befriedigt werden kann, sind uns Lob und Anerkennung nicht wichtig. Wir handeln und agieren im Verborgenen. Wir spenden 10 Prozent unseres Einkommens, weil wir andere an unserem Erfolg teilhaben lassen wollen.

Um festzustellen, welches dieser Bedürfnisse für Sie an erster Stelle steht, lesen Sie jetzt noch einmal alle durch, und nummerieren Sie sie nach der Wertigkeit, die Sie Ihrem Gefühl nach für Sie haben. Dadurch wird Ihnen bewusst werden, warum Sie sich mit Entscheidungen manchmal schwertun.

Ihre gelebte Freiheit hängt von dem Bedürfnis ab, was bei Ihnen an erster Stelle steht. Wichtig ist jetzt, herauszufinden, wie Sie Alternativen für Ihre Grundbedürfnisse finden oder ob Sie Ihre Sichtweise ein bisschen verschieben können. Freiheit finden wir wie unsere Tiere nur dann, wenn wir Hindernisse überwinden und durchsetzen, was wir wollen. Je länger die Katze quengelt, desto eher wird sie nach draußen gelassen und desto schneller wird sie ihren Willen bekommen, die Welt zu erkunden. Nehmen Sie sich ein Beispiel an Ihrem Stubentiger, und machen Sie es ihm oder ihr doch einfach nach. Es ist schön, wenn das Gefühl der Freiheit in uns wächst, und manchmal erlangt man es viel leichter als man denkt.

Erst diese Woche durfte ich für mich selbst diese Erfahrung machen. Meine Safi zeigte mir ganz deutlich auf, dass unsere gewohnten Zeiten, zu denen wir spazieren gehen, nicht mehr passen, dass man flexibel sein sollte. Jeden Morgen die gleiche Prozedur: aufstehen, Gassi gehen, arbeiten, einkaufen, kochen usw. Meine Hündin machte mir ganz oft klar, dass sie nicht gleich nach dem Aufstehen Gassi gehen will. So arbeite ich erst ein wenig, um dann mitten am Vormittag eine Runde zu laufen. Genau in diesem Moment ist mir klar geworden, dass dies auch eine Form der Freiheit ist. Das Gefühl überkam mich ganz spontan und hat mich für den Moment vollkommen erfüllt. Ich fühlte die Dankbarkeit für die Erkenntnis, dass es auch eine Form der Freiheit ist, seinen Tagesablauf selbst bestimmen zu können. Bestimmt finden auch Sie solch eingefahrene Situationen. Verändern Sie diese Alltags-Rituale einfach, und erfreuen Sie sich an der neu gewonnenen Freiheit.

Spiegelthema mangelndes Vertrauen

»Die zurückgezogene Katze,
die sich nicht streicheln lässt.«

Es gibt anschmiegsame Katzen, die darauf bedacht sind, nahe bei ihren Menschen zu liegen, um ihnen mit ihrem Schnurren zu zeigen, dass sie sich unendlich wohlfühlen. Wir Menschen genießen das Gefühl, dass unser Tier uns liebt und geben ihm ganz viel Liebe zurück. Es gibt aber auch andere Katzen, die sich eher zurückziehen und für sich sein möchten. Meistens weiß man nicht, ob das Tier sich nur selbst im Weg steht, weil es im Grunde doch auch den Kontakt zu seinen Menschen möchte, oder ob es wirklich lieber für sich lebt. Oftmals liegt dieses Verhalten auch an anderen Katzenmitbewohnern, die sehr dominant sind und das andere Tier zu unterdrücken versuchen. Katzen tun dies nicht immer mit Attacken oder Angriffen, sondern auch mit Blicken. Sie unterdrücken die Tiere in der Gruppe, denen es an Selbstbewusstsein und Vertrauen in sich und in andere mangelt. Es sind Ängste und Unsicherheiten, die diese Gefühle hervorrufen. Ganz oft sind die Menschen, die solch eine ängstliche und zurückgezogene Katze oder solch einen Kater haben selbst auch so. Sie leben aus Unsicherheit oder Angst zurückgezogen. An dieser Stelle sollte man sich selbst fragen, ob man selbst oder jemand anderes aus der Familie so ist, und ob die Katze vielleicht auch deswegen dieses Verhalten zeigt. Wenn es Sie selbst betrifft, fragen Sie sich, wie Sie aus dieser Situation herausfinden und wie Sie sich selbst helfen können.

Zuerst einmal ist es interessant herauszufinden, warum man selbst so zurückgezogen lebt. Meistens hat man irgendwann im Leben schon einmal eine Zurückweisung erlebt, oder alte Glaubenssätze und Glaubensmuster stehen im Weg. Diese sind ganz oft schon in der Kindheit entstanden. Wir haben diese Glaubenssätze und Glaubensmuster entweder durch unsere Eltern übernommen, weil sie diese Erfahrungen bereits gemacht haben, und gehen jetzt davon aus, dass es auch unsere Erfahrung sein wird. Oder wir haben aufgrund unser eigenen Erfahrungen diesen Glaubenssatz für uns aufgestellt. Egal, was davon zutrifft, wir dürfen ihn aufgeben.

Oftmals leben Menschen, die eine zurückgezogene Katze haben, mit mehreren Tieren zusammen, aber ohne Familie oder Partner. Natürlich muss das nicht so sein. Es ist nur eine Beobachtung, die ich oft gemacht habe, die ich aber natürlich nicht verallgemeinern möchte. Letztendlich fühlt man sich oftmals klein oder minderwertig und natürlich auch einsam und allein. Wir wollen jetzt gemeinsam herausfinden, woran das liegen und wie diese Annahme verändert werden kann.

Würden Sie sich in Bezug auf Ihre Zurückgezogenheit eine Identität geben müssen, würde sie schätzungsweise lauten:

🐾 *Ich bin die Kleine.*
🐾 *Ich bin minderwertig.*
🐾 *Ich bin es nicht wert, geliebt zu werden.*
🐾 *Ich darf nicht vertrauen.*
🐾 *Ich bin nichts wert.*

Kommen Ihnen diese Gedanken bekannt vor, oder wird Ihre eigene Identität hier noch gar nicht erwähnt? Sollte keiner dieser Glaubenssätze auf Sie zutreffen, sollten Sie an dieser Stelle nach Ihrer eigenen Identität suchen. Wenn Sie diese gefunden haben, machen Sie Folgendes:

Als Erstes stehen Sie auf und sprechen Ihre Identität laut aus, z. B.:

🐾 *»Ich bin minderwertig!«*

Was macht diese Aussage mit Ihnen? Fühlen Sie in Ihren Körper, lassen Sie sich Zeit. Wo erzeugt diese Aussage Druck oder ein schlechtes Gefühl?

Ich möchte, dass Sie diese Identität jetzt einige Male hintereinander laut sagen und Ihren Körper das tun lassen, was er möchte. (Sollten Sie zusammensacken, dann lassen Sie es zu.)

Wie geht es Ihnen jetzt?

Sicherlich werden Sie sich jetzt nicht glücklich fühlen, und jedes Mal, wenn sie es ausgesprochen haben, wurde es sicherlich schlimmer. Keine Angst, wir ändern das jetzt!

Wissen Sie eigentlich, dass Sie zu jeder Zeit alles sein können, was Sie möchten? Haben Sie schon einmal daran gedacht, sich eine neue Identität zu geben? Nein? Dann wird es Zeit! Jetzt ist die Gelegenheit, sich eine neue Identität im Bezug auf die Zurückgezogenheit zu geben.

Überlegen Sie, wie sie lauten könnte, vielleicht:

- *Ich bin die Offene.*
- *Ich bin die Selbstbewusste.*
- *Ich bin die Große.*
- *Ich bin die Vertrauensfreudige.*
- *Ich bin toll.*

Hört sich doch wesentlich besser an, oder?! Ist Ihre neue Identität dabei? Nein? Dann formulieren Sie die Identität, mit der Sie sich wohlfühlen. Es ist ganz wichtig, dass Sie hier die Identitätsaussage benutzen, die sich auch gut für Sie anfühlt. Es geht nicht darum, einfach einen Satz auszusprechen, den man im Inneren gar nicht fühlt. Das würde gar nichts bewirken, und die Situation würde gleich bleiben. Sobald Sie denken, dass Sie es gar nicht wert sind, dass andere Menschen sich an Ihrer Gesellschaft erfreuen, würde es nichts bringen, wenn Sie sich sagen »Ich bin ein offener Mensch« oder »Ich bin ein Unterhaltungskünstler«, sofern es im Bauch kein Glücksgefühl hervorruft. Der Satz wäre zwar besser als die Identität, die Sie sich ursprünglich gegeben haben, aber der neue Satz würde Ihnen trotz allem nicht genug Kraft geben. Darum ist es so wichtig, dass Sie Ihre eigene Identität finden. Nicht meine, sondern Ihre. Bitte stehen Sie wieder auf!

Sie stehen ganz aufrecht und sprechen nun laut die neue Identität aus.
Was bewirkt sie? Fühlen Sie sich gut? Fühlen Sie sich glücklich?
Haben Sie Kraft, oder sacken Sie immer noch zusammen?
Bestimmt fühlen Sie sich wesentlich besser. Sie werden die Kraft spüren, und auch die Stimmung in Ihrem Inneren wird sich verändert haben.

Arbeiten Sie von nun an mit den Identitäten, die Ihnen guttun, und lassen Sie die anderen weg. Sie können jeden Tag ganz viele unterschiedliche Personen sein. Für jede Situation gibt es die passende Identität. Sobald Sie Ihre Identität gefunden haben, arbeiten Sie damit. Damit meine ich, dass Sie Ihre Identität immer wieder laut aussprechen, täglich, und zwar so lange, bis sie merken, dass Sie sich auch wirklich verändert haben. Verinnerlichen Sie die Identität, indem Sie sie so oft wie möglich aussprechen. Egal, ob Sie putzen, kochen, mit dem Auto fahren, joggen oder irgendetwas anderes tun. Sagen Sie den Satz, so oft es geht laut, und wenn das nicht möglich sein sollte, auch einfach nur leise in Gedanken. Indem Sie jetzt noch Ihren Körper in diese Übung integrieren, wird dem Ganzen noch mehr Gewicht und Ausdruck verliehen. Reißen Sie die Arme in die Höhe, und verleihen Sie Ihrer Identität so noch mehr Glaubwürdigkeit. Einfach so dahinsagen zählt nicht, je mehr Ausdruck und Wille in die Aussage mit einfließt, desto besser wird sie wirken. Schreien Sie den Satz, und legen Sie so viel Enthusiasmus mit hinein, dass Ihnen auch andere Menschen die neue Identität abnehmen würden. In meinen Seminaren sind die Teilnehmer zu Beginn dieser Übung meistens sehr zaghaft. Glauben Sie mir: Vor Publikum ist es wesentlich schwerer als alleine bei sich zu Hause. Allerdings ist es auch effektiv, anderen seine neue Identität zu zeigen, so sieht man nämlich sofort, ob sie auch ankommt. Also schreien Sie los – ist doch egal, was andere denken.

Wenn Sie sich dazu noch bewegen, setzen Sie alledem noch eins drauf. Verbunden mit entsprechender Bewegung speichern wir diese neue Information besser im Gedächtnis ab. Fragen Sie mich nicht, warum das so ist, aber die Erfahrung zeigt, dass es so ist. Vielleicht liegt es daran, dass wir uns in Bewegung besser umprogrammieren können, als wenn wir nur etwas herunterleiern und es gar nicht verinnerlichen. Probieren Sie es aus – und ganz bestimmt werden nicht nur Sie, sondern auch Ihr Tier sich nach und nach mehr öffnen.

Um diese Arbeit auch energetisch weiter zu unterstützen, wären sicher auch meine Tieressenzen hilfreich. Tieressenzen sind energetisierte Aurasprays, die mit ätherischen Ölen, Alkohol und Wasser versetzt sind. Die verschiedenen Tiere wirken gemeinsam mit einer Engelgruppe und stehen für bestimmte Themen. Jedes Auraspray hilft sowohl unserem Tier als auch uns dabei, die verschiedenen Themen auf allen Ebenen zu transformieren, denn nicht immer ist uns von Beginn an jedes Thema bewusst. Die Tieressenzen bewirken auf der feinstofflichen Ebene, dass die Themen aufgezeigt und aufgelöst werden können.

Für unser Beispiel würde ich den Delfin und den Löwen empfehlen. Der Delfin löst das Trauma und den dadurch entstandenen Glaubenssatz auf, und der Löwe hilft dabei, selbstsicher zu werden, vor allen Dingen dann, wenn unser Handeln von Ängsten geprägt ist. Er schenkt uns Mut und Selbstsicherheit. Sofern aber auch mangelndes Vertrauen und mangelndes Selbstvertrauen unsere Probleme prägen, wäre das Pferd noch eine weitere Alternative.

Man kann mehrere Essenzen gleichzeitig sprühen, doch wenn Ihr Gefühl sich für eine bestimmte Essenz entscheidet, dann hören Sie einfach auf Ihre innere Stimme. Sie gibt den richtigen Impuls, um die passende Tieressenz für ihr Tier und für Sie selbst zu finden. Sie können aber auch mittels kinesiologischem Muskeltest oder mit dem Pendel/Tensor die richtige Essenz auswählen. Sollte das nicht Ihre Methode sein, dann schreiben Sie doch einfach den Namen der Essenzen auf verschiedene Zettel und ziehen Sie dann einen beliebigen aus dem Stapel. Vertrauen Sie darauf, dass es die richtige Essenz für sie beide sein wird.

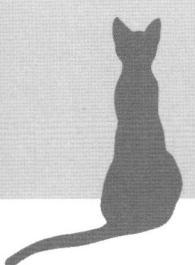

Spiegelthema
mangelnde Aufmerksamkeit

Die Katze, die markiert

Eines der häufigsten Probleme, weshalb Katzenfreunde um eine Tierkommunikation bitten, ist, dass das Tier in der Wohnung markiert. Dafür gibt es die unterschiedlichsten Gründe. Der naheliegendste, aber auch seltenste Grund ist der, dass das Klo oder das Katzenstreu nicht passt. Es könnte auch noch der falsche Platz sein, an dem die Katzentoilette steht. Katzen möchten einen ruhigen Platz, an dem Sie ungestört sein können, um ihr Geschäft zu verrichten. Andere Katzen finden oft den Aufbau/Deckel nicht so gut, weil sie sich darin unwohl oder eingeengt fühlen. Sollten Sie selbst an Klaustrophobie leiden, wäre es nicht schlecht, erst einmal den Deckel des Katzenklos wegzulassen. Diese Gründe sind schnell und einfach zu beheben, doch leider sind sie meistens nicht die wirkliche Ursache. Manchmal fühlen sich die Tiere unwohl oder unterdrückt. Auch diesen Fall hatte ich schon einmal, als eine Frau mir erzählte, dass ihre Katze nicht auf das Katzenklo gehen könne, weil der kleine Kater ihr das nicht erlaube. Neben der Katze und dem Kater gab es aber noch eine Katze im Haushalt und wie sich am Schluss herausstellte, lag es nicht an dem kleinen Kater, sondern an der zweiten Katze, die aus der Ferne den Kater dirigierte. Hier ist das Einschreiten der Menschen enorm wichtig, jedoch ist vorher eine genaue Beobachtung notwendig. Ich kann mich noch daran erinnern, dass die Dame damals meinte, ihre Katze sei so lieb und sie könne sich nicht vorstellen, dass sie etwas damit zu tun habe. Nur dadurch, dass ich mich in die Situation einfühlte und auf meiner These bestand, kam am Ende Licht ins Dunkel.

Kommen wir wieder zum Spiegelthema der mangelnden Aufmerksamkeit zurück. Oftmals markieren die Tiere, weil sie zu wenig Aufmerksamkeit bekommen. Meistens denken die Menschen, dass ihrem Liebling genug Aufmerksamkeit geschenkt wird. Doch denken Sie jetzt an eine Situation mit Ihrer Katze, wenn Sie mit ihr spielen oder sie streicheln.

In wie vielen Fällen sind Sie tatsächlich bei der Sache?
Wie oft denken Sie, während Sie spielen, schon an das, was später noch zu erledigen ist?
Wie oft lesen Sie ein Buch oder schauen fern, während Sie Ihr Tier streicheln? Wie oft telefonieren Sie nebenher?
Das ist mangelnde Aufmerksamkeit.
In welchen Bereichen in Ihrem Leben han-

deln Sie ganz genauso? Bekommen Sie selbst auch zu wenig Aufmerksamkeit von Ihrer Familie, Ihrem Partner oder Ihren Freunden? Stört es Sie, dass stets anderes wichtiger ist?

Sofern Sie jetzt im Inneren Ja sagen, wissen Sie, dass dies der Grund für das Markieren Ihrer Katze ist. Markiert das Tier auf bestimmte Kleidungsstücke, kann dieses Thema mit genau diesen Menschen, denen die Kleidungsstücke gehören, zusammenhängen. Hier gilt es, genauer hinzuschauen und für sich selbst herauszufinden, was man eigentlich von seinen Mitmenschen erwartet und für sich selbst möchte. Unsere Lieblinge wollen, dass wir glücklich sind und es ist ihre Gabe, in unsere Seele zu schauen und genau zu wissen, was in uns vorgeht. Sie möchten, dass wir unser Leben verändern, dass wir anfangen, das zu ändern, was uns stört. Wenn es Sie also stört, dass Sie zu wenig Aufmerksamkeit bekommen, zu wenig Lob und Anerkennung, dann sprechen Sie mit Ihrer Familie, mit Ihrem Partner und mit Ihren Freunden. Sagen Sie, dass Sie nicht bereit sind, unter diesen Umständen weiterzumachen und schenken Sie auch Ihrem Tier das, was Sie sich selbst wünschen. Sobald wir damit anfangen, verändert sich oft schon sehr, sehr viel. Vielleicht schenken Sie sich aber auch selbst zu wenig Aufmerksamkeit, weil Sie z. B. nur an die anderen denken und bis zum Umfallen arbeiten Auch hierfür ist die Katze ein Spiegel, und es könnte die Ursache für das Markieren sein. Fühlen Sie hier Resonanz? Wenn ja, dann tun Sie einmal wieder etwas für sich. Gönnen Sie sich einen Tag, der nur Ihnen gehört. Tun Sie an diesem Tag nur das, was Sie tun möchten. Nehmen Sie ein Bad, lesen Sie, schlafen Sie. Was auch immer es ist, gönnen Sie sich die Zeit, sonst wird sich irgendwann Ihr Körper melden und Ihnen eine unfreiwillige Auszeit verschaffen.

Spiegelthema Streit, Ärger

Streit und Ärger in der Katzengruppe

Machtkämpfe unter Katzen sind keine Seltenheit, und jeder, der mit einer Katzentruppe lebt, weiß, dass Harmonie nicht zwingend alltäglich ist. Meistens gibt es früher oder später ein Gerangel, vor allen Dingen dann, wenn ein neues Tier in eine schon bestehende, gut funktionierende Gruppe kommt.

Obwohl viele Menschen sagen, dass Katzen Rudeltiere sind, ist meine Erfahrung eine ganz andere. Viele meiner Klienten bitten um ein Tiergespräch, weil ein neues Tier in die Gruppe gekommen ist und die Dynamik innerhalb der Gemeinschaft auf einmal nicht mehr funktioniert. Natürlich gibt es auch Gruppen, in denen sich die einzelnen Tiere untereinander prima verstehen und bei denen alles passt. Allerdings denke ich, dass dies eher eine Seltenheit ist. Oftmals spiegeln die Tiere mit ihrem Verhalten, dass wir uns mit Menschen umgeben, denen gegenüber wir unsere Wut und unseren Ärger unterdrücken oder mit denen es stets Streit und Machtkämpfe gibt. Egal, ob es in der Familie oder im Freundeskreis ist, die Tiere zeigen uns auf, dass etwas nicht stimmt.

Eventuell ist es eine Kollegin, über die man sich schon lange ärgert, aber nicht den Mut besitzt, sie darauf anzusprechen. Die Gefühle werden geschluckt, und es wird gute Miene zum bösen Spiel gemacht. Unsere Tiere tun dies allerdings nicht. Sie zeigen mit ihrem Verhalten: Wehre dich! Sag was! Kämpfe! Stehe für deine Überzeugungen ein!

Eines der Tiere aus der Gruppe wird in diesem Zusammenhang nämlich geduldig alles über sich ergehen lassen und sich eher zurückziehen, als sich zu verteidigen.

 *Kommt Ihnen dieses Verhalten bekannt vor? Wenn ja, dann ist jetzt die Zeit, dies zu verändern. Wie? Indem Sie sich zuerst wieder eine neue Identität geben.*

Wie das funktioniert, habe ich bereits im vorletzten Kapitel beschrieben (siehe S. 111). Vielleicht halten Sie an dieser Stelle inne und blättern noch einmal zurück. Suchen Sie sich eine neue Identität in Bezug auf Ihre Kollegin. Wappnen Sie sich, indem Sie mit einer neuen Haltung in die Situation hineingehen. Meistens reagiert unser Umfeld sofort, wenn man anfängt, etwas an sich zu verändern. Sollte es jemand aus der Familie sein, dann tun Sie bitte das Gleiche. Die ganze Situation wird sich verändern, wenn man selbst aufrecht steht und sich nicht unterwirft. Kommen Sie aus Ihrer defensiven Haltung heraus, und stehen Sie für sich selbst ein. Es ist gar nicht so schwer, wenn man ein bisschen an sich selbst arbeitet und eine neue Identität annimmt. Mit einer schwachen Identität besitzt man keine Glaubwürdigkeit, und so kommt es, dass Sie übergangen werden oder sich ständig unfair behandelt fühlen. Das, was den Ärger auslöst, sollte ausgesprochen werden, denn oftmals sieht der andere es nämlich ganz anders als man selbst. Sie können sich auch abgrenzen. Verwenden Sie dazu die Übung aus dem Hundekapitel, oder praktizieren Sie eine Übung, die Ihnen vielleicht schon bekannt ist.

Die Probleme in der Katzengruppe könnten auch eine andere Ursache haben, nämlich ständig in Ihnen wohnender Zorn, den Sie auch nach außen tragen. Vielleicht brechen Sie ständig einen Streit vom Zaun und versuchen, dadurch jemanden zu verletzen. Auch das ist ein Hilferuf der Seele, denn Sie machen mit Ihrem Verhalten, Ihrer Wut, Ihrem Unmut Luft. Sie zeigen damit, dass Sie überhaupt nicht zufrieden sind mit der Situation, in der Sie leben, oder dass Sie Ihr Leben vielleicht gern ändern würden. Der Ärger, den Sie nach außen tragen und andere spüren lassen, richtet sich im Grunde gegen Sie selbst. So kann es auch in einer Katzengruppe sein. Ein Kater könnte z. B. überhaupt nicht glücklich darüber sein, dass man ihm ein junges Kätzchen vorgesetzt hat. Er wäre selbst lieber der König geblieben. Er hätte gern sein Leben weiter als Einzeltier gelebt. Man hat ihn aber nicht gefragt und einfach über ihn hinweg entschieden. Aus diesem Grund macht er seinem Ärger Luft, indem er faucht, knurrt und überhaupt nicht mehr zugänglich ist. Sogar seine Menschen greift er jetzt manchmal an. Die Tierbesitzer fühlen zwar in dieser Situation, dass es »ihrer Majestät« bestimmt nicht passt, neue Tiere vorgesetzt zu bekommen. Aber dass es auch etwas mit ihnen selbst zu tun haben könnte, darauf kommen sie erst einmal nicht.

Wie könnte man in solch einer Situation verfahren? Das Beste wäre natürlich, sein Tier nach seinen Wünschen zu befragen. Sofern dies aber nicht möglich ist, weil man nicht an die mentale Kommunikation mit Tierseelen glaubt oder man die Fähigkeit hierzu nicht hat, sollte man zuerst sein eigenes Verhalten hinterfragen.

Fragen Sie sich:
Bin ich in meinem Leben zufrieden, oder gibt es Bereiche, in denen ich meine Gefühle wie Ärger, Wut oder Zorn ständig nach außen trage oder alle Emotionen in mich hineinfresse?

Wenn dies der Fall ist, sollte zuerst dieses Verhalten verändert werden, bevor ein neues Tier in die Gruppe kommt. Probleme sind sonst meist schon vorprogrammiert.

Wie löse ich meine Unzufriedenheit auf, die all diesen Ärger und die Wut in mir verursacht?

Unzufriedenheit empfinden wir oft, wenn wir ein Leben führen, welches nicht unserem Seelenplan oder unseren eigentlichen Wünschen entspricht. Vielleicht verspüren Sie innerlich den Wunsch, sich selbst zu verwirklichen oder Ihre Berufung zu leben. Vielleicht würden Sie aber auch lieber ganz frei durch die Welt tingeln. Manches lässt sich natürlich nicht von heute auf morgen realisieren, doch Kompromisse und Lösungen gibt es in jedem Fall. Angenommen, Sie wünschen sich, Ihrer Seelenbestimmung, Ihrer Berufung gerecht zu werden, haben aber noch nicht wirklich herausgefunden, was das sein könnte. Dann wird es vielleicht Zeit, dass Sie sich mehr mit diesem Aspekt Ihres Lebens beschäftigen. Ich höre die Aussage »Ich weiß nicht, was ich will« übrigens sehr oft in meinem Job. Nicht zu wissen, was man will, ist natürlich nicht optimal, doch diese Menschen wissen zumindest meistens, was sie nicht wollen, und das ist immerhin ein Anfang.

 *Schreiben Sie eine Liste mit Dingen, die Sie schon als Kind gern gemacht haben. Haben Sie, so wie ich, gerne »Schule« gespielt und waren meistens der Lehrer? Dann besteht Ihr Talent vielleicht darin, Seminare oder Vorträge zu geben. Oder Sie haben schon als Kind gerne Geschichten geschrieben, gemalt oder gesungen.*

All dies sind Hinweise auf Ihre versteckten Gaben und die Wünsche Ihrer Seele. Ich kann von mir sagen, dass ich das lebe, was meine Seele sich wünscht. Schon in meiner Kindheit habe ich die Dinge gerne gemacht, denen ich auch heute noch nachgehe. Ich gebe Seminare und schreibe Bücher. Schon mit 14 Jahren habe ich meinen ersten Roman geschrieben. Nicht für andere, sondern nur für mich. Doch nicht alles, was wir als Kinder gerne gespielt haben, erfüllt sich für uns auch im Erwachsenenalter. Ich denke, das muss auch gar nicht sein Sofern wir wenigstens ab und an unsere Wünsche leben, ist alles gut.

Oftmals höre ich den Satz: »Ja, aber ich kann das nicht machen, denn wie soll ich dann meinen Lebensunterhalt bestreiten?«

Sicherlich eine wohlüberlegte Aussage, doch in meinen Augen auch eine Ausrede, die wir uns selbst auftischen, um Veränderung zu vermeiden Wer sagt denn, dass man den Job aufgeben muss, um seine »Berufung« zu leben? Es gibt die Wochenenden, es gibt den Feierabend und zu guter Letzt hat man auch noch die Möglichkeit, die Arbeitszeit zu reduzieren, damit man Zeit für seine eigentliche Berufung findet. Natürlich nur dann, wenn man sie schon gefunden hat. Ansonsten sollte man irgendwo einmal anfangen, denn meistens öffnen sich die Türen von ganz allein, wenn wir einen Schritt darauf zugehen.

Doch zurück zum Zorn und der Auswirkung auf Ihre Katzen. Sofern sich Ihr Ärger gegen Ihre Familie, Freunde, Arbeitskollegen oder Bekannte richtet, wäre es gut, mit einer neuen Identität den Mut zu erlangen, die eigenen Bedürfnisse auszusprechen. Vertiefen Sie sich in Ihre eigene Gefühlslage, und Sie werden auch Ihr Tier verstehen. Sobald sich die Wogen in der Familie geglättet haben und sich die Energie verändert hat, wird sich auch die Situation mit Ihren Tieren entspannen. Manches braucht Zeit und Geduld, doch wenn Sie diese mit sich, mit Ihren Fellnasen und Ihrem Umfeld haben, dann wird sich die Situation entspannen, und es wird wieder Harmonie einkehren.

Teil IV

Spiegelthemen
von Pferden und Menschen

Ganz anders als Katzen- und Hundefreunde verhalten sich Pferdeliebhaber. Es ist jedes Mal faszinierend für mich, ein Pferd kennenzulernen und dadurch gleich zu wissen, was für ein Mensch der Besitzer ist, obwohl ich ihn noch nicht einmal gesehen habe. Pferde sind für mich hochsensible Wesen, die tief in unsere Seele blicken können und den Menschen erkennen, der wirklich hinter der Fassade steckt. Pferden kann man rein gar nichts vormachen, sie erkennen, ob jemand wirklich authentisch ist oder etwas lebt, was gar nicht seinem eigenen Wesen entspricht. Diese Authentizität ist es auch, die Pferde von ihren Menschen fordern. Sie zeigen auf, dass man sich selbst leben soll und nicht das, was andere von einem erwarten. Kennt man sich in der Reiterszene aus, so weiß man durchaus, dass es viele Menschen gibt, die stets alles besser wissen und meinen, dass andere Reiter ebenfalls nach ihren Vorstellungen agieren sollten. Ich glaube, viele Reiter, die ein eigenes Pferd haben, können mir hier zustimmen und haben dieses Verhalten schon mindestens einmal am eigenen Leib erfahren. Wie oft habe ich von den Pferden schon gehört, dass sie ihre Menschen auffordern, auf ihren Bauch zu hören und ihrer eigenen Stimme zu folgen. Die Pferde möchten, dass der Freund lernt, sich selbst zu vertrauen und nicht auf das Außen zu hören, um gemeinsam mit ihnen eigene Erfahrungen zu machen. Natürlich stehen hier wieder viele Aspekte in einem engen Zusammenhang, doch die Hauptthemen beim Pferd lassen sich wie folgt benennen: Vertrauen und Authentizität!

Weitere Themen

- Ängste und Unsicherheiten
- Eingeengt sein, Freiheit
- Hyperaktivität

Diese Themen ziehen sich durch fast alle »Probleme«, die bei Pferden zu beobachten sind. Es liegt auch hier wieder an uns, zu erkennen, was uns die Tiere mit ihrem Verhalten sagen möchten, um dann auch noch die Bereitschaft aufzubringen, unser Leben zu betrachten und zu verändern. Die Tiere haben sich freiwillig in unseren Dienst gestellt, um uns zu helfen, weiter zu wachsen. Doch wer Spiritualität leben möchte und auch eine gleichwertige Beziehung mit seinem Tier eingehen will, darf irgendwann Eigenverantwortung übernehmen. Die Zeit hat sich verändert, und es liegt jetzt an jedem Einzelnen von uns, die Bereitschaft aufzubringen, uns und das Tier als gleichwertig zu betrachten. Zu denken, das Tier hätte dem

Menschen einzig und allein zu gehorchen, ist nicht mehr angebracht, vor allen Dingen dann nicht, wenn die Beziehung auf einer tieferen Ebene stattfinden soll.

Früher wurde es als »normal« erachtet, das Pferd zu unterdrücken und es zu brechen, damit es gefügig wird. Es werden auch heute noch Methoden angewendet, die nichts mit Gleichwertigkeit zu tun haben. Es ist die Kraft dieser Tiere, die bei den Menschen Ehrfurcht und vielleicht auch Angst hervorruft und die dazu führt, dass die Menschen sie kontrollieren möchten. Dazu verwendet man Zügel, Gebisse, Sporen und andere Hilfsmittel. Dies hat nichts mit der Aussage zu tun:»Du bist mir gleich« oder:»Ich erkenne dich als gleichwertig an«.

 All jenen, die es schaffen, über dieses Machtdenken hinauszuwachsen, wird die wahre Seelenfreundschaft mit den Pferden zuteilwerden.

Die Harmonie und Symbiose, von der die Pferde in Bezug auf ihre Menschenfreunde sprechen, wird dadurch erreicht werden. Um aus den alten Mustern und Dogmen auszubrechen, ist aber eine große Portion Mut und Verständnis notwendig. Jeder, der es versucht, wird aber früher oder später belohnt werden – und zwar mit tiefer bedingungsloser Liebe. Der Weg dorthin ist sicherlich nicht leicht, aber ganz bestimmt der Mühe wert. Ich wünsche mir aus tiefstem Herzen für jedes Pferd und seinen jeweiligen Freund, dass sie diese Gleichberechtigung erreichen. Ich selbst bin zwar emotional sehr mit einem Pferd verbunden, doch ich kenne mich mit Pferden nicht aus. Ich kann noch nicht einmal reiten und alles, was ich hier schreibe, beruht auf den Erzählungen meiner Pferdegesprächspartner und deren Menschen. Obwohl ich kein Spezialist auf diesem Gebiet bin, denke ich jedoch, dass ich Pferde verstehe. Ich habe keine Angst vor ihnen, ich respektiere sie. Ich weiß, dass ein Pferd niemals von sich aus böse ist, sondern dass es einfach auf die Behandlung und die Erfahrungen, die es selbst schon gemacht hat, reagiert. Pferde haben ein gutes Gedächtnis, und Erfahrungen, die mit Schmerz und Qual einhergingen, sind in ihrem Zellbewusstsein gespeichert. Ich hoffe, dass jeder Reiter und Pferdefreund irgendwann einmal den Wunsch verspürt, von Seele zu Seele zu kommunizieren, sodass wahre Seelenfreundschaft entstehen kann.

Spiegelthema Vertrauen
Das Pferd, das macht, was es will – Das scheuende Pferd

Zu diesem Thema durfte ich ganz viele unterschiedliche Geschichten erleben, doch alle hatten den gleichen Tenor: VERTRAUE! Hinter dieser Aussage steht durchaus mehr, als man im ersten Augenblick erkennen mag. Es geht hier nämlich nicht nur um das Vertrauen in das eigene Tier, sondern vielmehr um das göttliche Vertrauen. Das Vertrauen in das Leben, in die Menschen, in alles, was ist. Ganz oft ist dies bei den Pferdemenschen nicht zu finden. Sie haben vielleicht Vertrauen in ihr Tier, doch selten zu hundert Prozent. Es ist stets ein kleiner Teil vorhanden, der die Kontrolle behalten möchte, der misstrauisch ist oder Angst hat. Wie ich in den vorherigen Kapiteln aber schon mehrmals sagte, ist es nicht möglich, die absolute Kontrolle zu behalten. Auch wenn es Ihnen lieber wäre, es geht einfach nicht. Die Kontrolle loszulassen, bedeutet, Vertrauen zu haben. Doch wie sieht es bei den Pferden und dem Thema Vertrauen aus? Ich habe, wie gesagt, beobachtet, dass Hundemenschen die offensten Menschen überhaupt sind. Die meisten von Ihnen geben bedenkenlos alles über sich preis. Sie haben ein gottgegebenes

Vertrauen in die Menschen, die Welt, einfach in das Leben. Sicherlich kämpfen auch diese Menschen mit ihren Themen, doch die Offenheit ist ihnen meist allen zu eigen. Bei Katzen- und auch bei Pferdeliebhabern kann ich das nicht so oft beobachten. Pferdemenschen wirken offen, sind es aber nicht wirklich. Sie halten vieles zurück und geben nicht viel über sich selbst preis. Meine Freundin, eine Pferdeliebhaberin, bestätigte mir diese Aussage aufgrund ihrer Erfahrungen in der Reitszene. Ganz oft erzählen mir auch die Pferde, dass ihre Menschen mehr Vertrauen haben sollten. Zu Beginn meiner Tätigkeit hatte ich solche Aussagen nur auf die Tier-Mensch-Beziehung bezogen, doch heute weiß ich, dass hier das Vertrauen im Allgemeinen, also in andere Menschen und in das Leben gemeint ist.

 *Meine Erlebnisse zeigen, dass Pferdemenschen ihr Herz nicht ganz geöffnet haben und dass sie Beziehungen nur bis zu einem gewissen Grad zulassen können. Sie können zwar ihr Herz für das Tier öffnen, aber nicht für die Menschen in ihrem Umfeld.*

Pferde sind nicht so. Pferde sind offen, sie sind Herdentiere, sie leben schon seit Anbeginn der Zeit in einer großen Herde. Ist man einer solchen Gemeinschaft zugehörig und lebt in ihr, ist die Herzöffnung meines Erachtens die Grundvorausset-

zung für das Gefühl der Harmonie und Zusammengehörig-
keit. Das bedeutet nicht, dass es niemals Konflikte gibt, doch
jeder wird akzeptiert als das, was er ist und was er darstellt.
Genau darum sind die Pferde – gerade was das Vertrauen
und die Authentizität anbelangt – die besten Lehrer hier auf
Erden für uns Menschen. Eine funktionierende Gemeinschaft
basiert schließlich auf Vertrauen, welches nur mit einem offe-
nen Herzen wachsen kann.

 *Sollten Sie sich jetzt angesprochen fühlen
oder im schlimmeren Fall Widerstand in
sich aufkommen spüren, dann könnte dies
durchaus aus dem Grund passieren, weil es
genau Ihr Thema ist.*

Sie möchten es vielleicht nicht wahrhaben, doch Ihr Pferd
wird es Ihnen mit seinem Verhalten wieder und wieder zeigen und zwar so lange, bis Sie den Widerstand aufgeben. Ich
werde jetzt verschiedene Geschichten erzählen, die genau zu
dieser Thematik passen. Manchmal fällt es uns leichter, anhand eines Beispiels die Parallelen zu uns selbst zu erkennen.

Ich möchte zuerst noch einmal auf meine Freundin Conny,
zurückkommen. Anfang des Jahres kaufte sie sich ein Pferd
namens Cody, welches sich beim ersten Besuch als freundlich, zugänglich und auch humorvoll vorgestellt hatte. Allei-

ne die Art und Weise, wie das Pferd aussah und wie es auf sie wirkte, waren der Grund für die Sympathie. Conny hat ebenfalls ein lustiges, spaßiges, freundliches Wesen und darum meinte Sie, dass dies genau das Pferd wäre, welches optimal zu ihr passen würde.

 *Nachdem das Pferd in ihren Stall eingezogen war, änderte sich das Verhalten des Tieres plötzlich. Es war noch genauso freundlich wie zuvor, aber es stellte sie sofort vor die ersten Herausforderungen.*

Es sei vielleicht vorab erwähnt, dass meine Freundin sich zum Ende des letzten Jahres aus persönlichen Gründen von ihrem Herzenspferd trennen musste und dass diese Trennung zur Folge hatte, dass sie mit ihrem Cody nicht in ihren gewohnten und geliebten Stall zurück konnte. Es bedeutete also für sie einen kompletten Neuanfang in einem neuen Stall mit neuen Menschen, fremden Tieren und mit Cody als ihrem neuen Weggefährten. Sie fühlte sich zu Beginn sehr stark beobachtet und wollte einfach nichts falsch machen. Die Menschen im neuen Stall schienen nett zu sein, aber trotzdem vermisste sie ihre gewohnte Umgebung und die alten Freunde. Sie erzählte, dass sie gar nicht so sehr den engen Kontakt zu den Menschen suchen würde und dass sie am liebsten im Stall sei, wenn niemand sonst vor Ort wäre. Das

Pferd würde dann sehr gut mit ihr zusammenarbeiten. Sobald aber jemand käme und ihr zusähe, sei Cody die Sturheit in Pferdegestalt. Sie sagte oft zu mir, dass er sie in solchen Situationen an ihre Grenzen bringen würde und es teilweise schaffte, dass sie sehr, sehr wütend wurde. Sie verstand nicht, warum er meistens nur dann so war, wenn jemand anderes ihnen zuschaute. Irgendwann meinte ich zu ihr, dass sie wohl nicht das Vertrauen in sich selbst hätte, mit dem Pferd gut auszukommen, oder dass sie sich in der Verantwortung übernommen hätte. Zuerst einmal herrschte Stille, doch dann meinte sie, dass dies wohl genau das Thema sei. Wir kamen darauf, dass sie sich immer noch »klein« fühlte, wie jemand, der es nicht schaffen würde, mit seinem Pferdefreund eine gute Beziehung aufzubauen. Die Zeit spielte in diesem Fall natürlich auch eine Rolle, da beide erst kurz zusammen waren und sich noch besser kennenlernen mussten. Tief in sich befürchtete sie aber auch, dass die Menschen im neuen Stall denken könnten, dass Sie nicht mit ihrem Pferd umgehen könne. Sie vertraute auch ihnen nicht.

Meine Freundin schaute sich zum Thema Vertrauen ihre Vergangenheit an und versuchte diese mit verschiedenen Methoden zu klären.

 *Manchmal bedarf so eine Aufarbeitung eines längeren Zeitrahmens, den man sich und seinem Tier auch geben sollte.*

Heute, gut sieben Monate später, funktioniert es sehr gut mit Cody. Es gibt zwar immer wieder Zeiten, in denen er sie an ihre Grenzen bringt, doch stets möchte er ihr mit seinem Verhalten sagen: Vertraue dir. Sie schenkt ihrem Pferd mittlerweile so viel Vertrauen, dass sie sich zutraut nur mit einem Halsring zu arbeiten, der Halfter und Zügel ersetzt. Die anderen Reiter im Stall können gar nicht verstehen, wie man so etwas auch nur versuchen kann. Sie können nicht nachvollziehen, wie man seinem Pferd so viel Vertrauen schenken kann, schließlich würde die Kontrolle ja gänzlich an das Pferd abgegeben werden.

 Hier sehen Sie wieder: Vertrauen ist ein riesengroßes Thema bei Pferdefreunden.

Meine Freundin lässt sich allerdings nicht beirren. Sie möchte eine tiefe und innige Beziehung zu ihrem Pferdefreund, die auf Vertrauen und gegenseitigem Geben und Nehmen basiert. Ohne Druck und ohne Zwang. Sie steht jetzt zu ihren Prinzipien und will gleichzeitig ein Vorbild sein, denn vielleicht findet irgendwann ein anderer Reiter in ihrer Umgebung ebenfalls zu diesem tiefen Vertrauen. Ich denke sogar, dass sie genau aus diesem Grund an diesem Ort ist.

Andere Menschen erzählten mir, dass Ihr Problem darin bestehe, dass das Pferd auf freiem Feld plötzlich erschrecke und scheue, obwohl kein Grund zu erkennen und auch nichts vorgefallen sei, was dieses Verhalten rechtfertigen würde.

Auf die Frage, wie es denn mit dem Vertrauen ausschauen würde, bekam ich zur Antwort, dass dieses wohl in mehreren Lebensbereichen fehlen würde. Oftmals fehlt Selbstvertrauen, was wiederum dazu führte, dass man auch anderen Menschen nicht mehr wirklich vertrauen kann.

Woher kommt so etwas? Jeder hat schließlich schon negative Erfahrungen mit anderen Menschen gemacht. Warum können die einen darüber hinwegsehen, während sich die anderen vollkommen verschließen?

Diese Frage habe ich mir in den letzten Jahren sehr oft gestellt. Gehe ich von mir aus, dann kann ich sagen, dass ich ein gutes Selbstwertgefühl habe, dass ich mich mag und auch an mich selbst glaube. Als ich ein Kind war, fühlte ich mich stets als Glückskind, obwohl mir nicht der Himmel zu Füßen lag. Trotzdem konnte ich dieses Gefühl in mir selbst erzeugen. Natürlich hatte ich auch Erlebnisse, die mich oft an mir zweifeln ließen, doch da ich von Grund auf nicht faul bin, schob ich manche schlechte Schulnoten anderen Gegebenheiten zu. An mir konnte es nicht liegen, es war einfach so. Ich hatte mir nichts vorzuwerfen, und auch wenn ich lieber nur Einsen gehabt hätte, so konnte ich es scheinbar nicht ändern. Ich nahm es schlicht und ergreifend hin. Mein Selbstwertgefühl litt darunter aber seltsamerweise nicht.

Lag es daran, dass meine Eltern mich nicht als Versager beschimpften, oder lag es daran, dass meine Offenheit anderen Menschen gegenüber mir wiederum das Gefühl gab, dass ich trotzdem gemocht wurde? Ob es tatsächlich so war, dass mich die anderen mochten, interessierte mich in diesem Augenblick nicht. Ich habe es niemals hinterfragt, denn mein Empfinden war stets positiv.

Schaue ich mir die Pferdemenschen aus obigem Beispiel an, dann stecken hier Schüchternheit, mangelndes Selbstbewusstsein, Ängste, etwas falsch zu machen, und gegebenenfalls auch noch andere Emotionen hinter diesem mangelnden Vertrauen.

Die Erfahrung dieser Menschen unterscheidet sich anscheinend von meiner Erfahrung. Meistens finden wir die Ursache für mangelndes Vertrauen in unserer Kindheit. Das bedeutet nicht zwingend, dass die Kindheit schrecklich gewesen sein muss. Es können auch nur kleine Äußerungen gewesen sein, die uns dazu veranlassten, uns klein und minderwertig vorzukommen. Es müssen auch nicht zwingend die Eltern sein, die Sie als Kind kleingemacht haben. Nein, auch Äußerungen von Lehrern und sogar Kindergärtnerinnen können dazu führen, dass wir uns auch im Erwachsenenalter noch minderwertig vorkommen. All diese Emotionen sind nicht dienlich, wenn es darum geht, sein Herz zu öffnen. Sie hindern Sie daran, Vertrauen aufzubauen, weil Sie Angst vor weiteren Verletzungen und Demütigungen haben. Wie ich schon sagte, ist man gerade unter den Pferdemenschen ständig der Kritik anderer Reiter ausgesetzt. An sich ist das ja nichts Schlimmes, sofern die Kritik erwünscht und auch konstruktiv ist. Meistens ist sie allerdings demotivierend. Diese Pferdebesitzer spiegeln im Grunde genau das, was man schon als Kind erfahren hat. Das Gefühl, minderwertig und klein zu sein, nichts wert zu sein, etwas nicht zu können, ein Versager oder eine Niete zu sein. Interessant dabei ist jedoch, dass sogar die Menschen, die Ratschläge geben, genau die gleichen Probleme haben. Es ist ja meistens leichter, bei anderen die Fehler zu sehen. Dass es aber auch die eigenen Fehler sind und der andere Reiter ebenfalls als Spiegel fungiert, das begreifen nur wenige.

 Wie kommen Sie jetzt aus dieser Geschichte heraus? Was können Sie tun, damit Sie mehr Vertrauen in sich bekommen und wieder anfangen, an sich zu glauben?

Ich sage es mal so, wie es ist: Der Weg ist lang, doch Ihr Pferd wird Ihnen mit seinem Verhalten jeden Erfolg sofort auf dem Silbertablett präsentieren. Sie werden es spüren, sobald Sie auf dem richtigen Weg sind und Sie erkennen auch, wenn Sie in alte Fahrwasser zurückfallen. Zuerst einmal ist es wichtig, die erste negative Erfahrung bzw. Situation zu finden, die Sie daran hindert, in Ihr Vertrauen zu kommen. Die erste Erfahrung, bei der Sie sich minderwertig und klein fühlten. Die erste Erfahrung, bei der Ihr Vertrauen in andere Menschen missbraucht wurde. Nicht immer ist dieses Erlebnis in Ihrem jetzigen Leben zu finden, denn manchmal fing alles schon in einem anderen Leben an. Vielleicht glauben Sie nicht an frühere Leben. Auch gut, dann suchen Sie einfach in diesem. Sollte sich aber die Ursache für Ihr mangelndes Vertrauen auch nach gründlicher Untersuchung Ihres Lebens nicht auffinden lassen, dann ziehen Sie frühere Leben und deren Existenz doch einmal in Betracht. Sie haben ja nichts zu verlieren, können aber viel gewinnen.

Ich möchte Ihnen jetzt helfen, an den Ursprung Ihrer negativen Erfahrung zu gelangen. Sie können diese Übung alleine, aber auch gern gemeinsam mit einem Menschen Ihres Vertrauens durchführen. Meistens ist dies einfacher, weil Sie sich komplett in die Situation hineinversetzen können und nicht darüber nachdenken müssen, was als Nächstes im Ablauf dieser Übung an der Reihe ist. Ein anderer Mensch kann Ihnen diese Übung wie eine geführte Meditation vorlesen, sodass Sie sich ganz in die Übung hineinfallen lassen können. Doch tun Sie es so, wie es sich für Sie richtig anfühlt.

Nehmen Sie sich ausreichend Zeit.

Versetzen Sie sich zu Beginn erst einmal in das Gefühl, dass sie klein sind, dass sie minderwertig sind, dass sie kein Vertrauen haben können. Versenken Sie sich in das Gefühl, welches auf Sie zutrifft. Sollten es mehrere sein, so fangen Sie einfach mit dem ersten Gefühl an, welches Sie davon abhält, in Ihr gottgegebenes Vertrauen zu kommen.

Fühlen Sie es! Schließen Sie dazu Ihre Augen, und atmen Sie ein paar Mal tief ein und wieder aus. Gehen Sie jetzt fünf Jahre in Ihrem Leben zurück. Finden oder sehen Sie ein Ereignis, welches Ihnen das Gefühl gab, klein zu sein, oder bei dem Ihr Vertrauen missbraucht wurde? Sollte ein solches Erlebnis auftauchen, dann schreiben Sie es kurz auf, oder erzählen Sie es Ihrem Übungspartner. Gehen Sie dann weitere fünf Jahre zurück in Ihrem Leben und überprüfen Sie, ob noch weitere Erlebnisse stattfanden, die diese Emotionen begründen könnten. Gehen Sie so lange zurück, bis Sie zum Ursprung der Emotion kommen, das kann in der Kindheit

sein, im Mutterleib, oder – wie ich vorhin schon erwähnte – in einem ganz anderen Leben. Lassen Sie sich führen, und vertrauen Sie. Sobald Sie am Ursprung sind, schauen Sie sich die Situation an. Beschreiben Sie, was genau passiert ist und auch was gesagt wurde. Jetzt teilen Sie der Person, die Sie in Ihrer Vergangenheit schlecht behandelt hat, mit, wie Sie sich fühlten und was ihr Verhalten im Jetzt ausgelöst hat. Dann darf die andere Person sprechen, mit der Sie diesen Disput hatten. Sie darf aussprechen, was sie zu der Situation zu sagen hat. Der Dialog wird so lange geführt, bis sich irgendwann Vergebung einstellen kann. Seien Sie bereit, der Person und auch sich selbst zu vergeben. Sprechen Sie die Vergebungsworte laut aus. Sie können diese Worte selbst wählen, oder sie machen das hawaiianische Vergebungsritual Ho`oponopono, dessen Worte dazu lauten:

»Es tut mir leid.«
»Bitte vergib mir.«
»Ich liebe dich.«
»Danke.«

Hinterher spüren Sie sich weiter in das Gefühl hinein. Ist es jetzt besser? Fühlen Sie sich immer noch klein oder minderwertig? Sicherlich wird die Empfindung noch nicht gänzlich weg sein, aber der erste Schritt in die richtige Richtung wurde jetzt unternommen.

Nachdem Sie diese Übung beendet haben, lassen Sie es erst einmal darauf beruhen. Die Strukturen brauchen etwas Zeit, bis sie sich in unserem Zellgedächtnis vollständig auflösen können. Beim nächsten Zusammentreffen mit Ihrem Tier wird sich sicherlich herausstellen, ob sich etwas getan hat. Natürlich kann man Vertrauen in sich selbst oder auch in das Leben – und damit meine ich absolutes Vertrauen – nicht von jetzt auf gleich gewinnen, und diese Übung wird sicherlich nicht ausreichen, um sich völlig zu öffnen und sich dem Leben hinzugeben. Doch Sie haben ja die Möglichkeit, mit den anderen vorgestellten Übungen in diesem Buch weiterzumachen, z. B. indem Sie sich selbst immer wieder eine neue Identität geben (siehe S. 111). Schauen Sie sich die positiven Dinge in Ihrem Leben an, alles, was Sie schon geschafft und gemeistert haben, anstatt sich nur auf das zu konzentrieren, was Ihnen fehlt. Der positive Aspekt ist immer der, der Sie weiterbringt. Denken Sie hier auch an die Dankbarkeitsliste (siehe S. 97).

Da hinter mangelndem Vertrauen auch Ängste verborgen sein können, die uns unsere Pferde ebenfalls spiegeln, kann man die Themen Angst und Vertrauen im Grunde nicht wirklich trennen. Sie gehören zusammen. Die Kunst besteht darin, hinter die Kulissen zu schauen und ehrlich sich selbst gegenüber zu sein. Dann wird Vertrauen in das Leben, in die Menschen und natürlich auch in das Pferd von ganz alleine entstehen. Zum Abschluss dieses Themas möchte ich Ihnen noch eine Herzöffnungsübung zeigen:

Übung
Machen Sie es sich bequem, schließen Sie Ihre Augen, und atmen Sie ein paar Mal tief ein und wieder aus. Gehen Sie jetzt mit Ihrer Aufmerksamkeit in den Bereich Ihres Herzens. Fragen Sie Ihr Herz, was es sich wünscht und was Sie für es tun können. Sofern Sie es können, geben Sie Ihrem Herz genau das, was es braucht – meistens ist es eine Emotion. Sollen Sie vergeben, dann vergeben Sie. Sollen Sie lachen, dann lachen Sie. Schicken Sie Ihrem Herzen jetzt Ihre ganze Liebe und Dankbarkeit. Stellen Sie sich ein rosarotes Licht vor, welches in Ihr Herz hineinströmt. Es wird vollständig aufgefüllt von diesem Licht. Sie spüren jetzt, wie die

Mauer, die Sie um Ihr Herz herum aufgebaut haben, mehr und mehr zu bröckeln beginnt. Lassen Sie dieses Licht jetzt einige Zeit in Ihr Herz strömen, sonst brauchen Sie nichts weiter zu tun. Lassen Sie einfach geschehen, was geschieht. Lassen Sie es zu. Kommen Sie dann langsam wieder in Ihr Alltags-Bewusstsein zurück, und seien Sie wieder ganz bei sich.

Je öfter Sie diese Übung machen, desto mehr werden die inneren Widerstände wegbrechen. Geben Sie sich genug Zeit, denn alte Verletzungen und Wunden heilen nicht an einem Tag. Trotzdem ist es wichtig, sich selbst Aufmerksamkeit und Liebe zu schenken.

Spiegelthema Authentizität
Wenn sich das Pferd im Stall nicht wohlfühlt
Das Pferd, das keine Aufmerksamkeit und Motivation zeigt
Der Fall vom Pferd

Pferde zeigen uns, dass wir uns nicht verbiegen, sondern das Leben führen sollen, das unserem Herzen gefällt. Egal, ob es der Stall, der Sattel, die Reithalle oder sonstiges betrifft. Solange man nach dem Vorbild anderer handelt oder weil man es so gelernt hat, weil man so erzogen wurde, aber es in keiner Weise das eigene Gefühl widerspiegelt, werden die Pferde es einem zeigen.

Das Paradebeispiel dafür ist eine meiner Klientinnen. Ihr Pferd war in einem wunderbaren Stall untergebracht. Tolle Boxen, eine schöne Reithalle, ein guter Außenplatz, immer alles sauber und gepflegt, sowohl vor als auch hinter den Mauern. Doch trotz all dieser positiven Umstände wirkte ihr Pferd stetig deprimierter. Sie hat daraufhin ein neues Zuhause für ihr Pferd gesucht und ist umgezogen. Der neue Stall ist auch einmal unordentlich, nicht dreckig, aber eben nicht penibel gesäubert. Es liegt auch mal etwas im Hof herum. Man sieht, dass hier gelebt wird. Obwohl das Pferd zu Beginn gleich eine Verletzung hatte und erste Zweifel bezüglich der Richtigkeit der Entscheidung, den Stall zu wechseln, kamen, blieben beide dort. Das Pferd hat sich prächtig eingelebt und fühlt sich sichtlich wohl. Es geht ihm gut, es blüht auf. Von einer Depression ist nichts mehr zu spüren. Was hat das jetzt mit Authentizität zu tun, werden Sie sich berechtigterweise fragen. Ganz einfach. Der schöne Stall, das tolle Ambiente repräsentierten das Zuhause meiner Klientin. Ein Zuhause, das nach außen prächtig erscheint, aber welches es seinem innersten Wesen nach vielleicht gar nicht ist. Sie selbst wünscht sich ein gemütliches Haus mit Holzmöbeln, lebt aber in einem modernen Haus, welches der Architekt und der Ehemann eingerichtet haben. Ein Zuhause, welches sie selbst nicht als das ihrige betrachtet. Es ist nicht gemütlich, und ein Gefühl der Geborgenheit kommt nicht auf. Wie meinte meine Klientin: »Es ist wie ein goldener Käfig, und mein Pferd lebte ebenfalls in einem solchen Käfig.«

Erkennen Sie den Spiegel? Das Pferd war im tollen Stall deprimiert und zu keiner Freude fähig. Im neuen Stall darf es mit anderen Pferden sein und so leben, wie es ihm gefällt. Das Pferd zeigte seiner Menschenfreundin, dass es in einem Zuhause leben musste, welches es nicht glücklich machte. Genauso, wie es bei meiner Klientin selbst ist.

Manchmal zeigen uns die Tiere auch ganz direkt unsere eigenen Emotionen. Sind Sie unruhig und hibbelig, verhält sich das Pferd genauso. Haben Sie Angst, zeigt auch das

Pferd Ängste und Unsicherheiten. Sind sie wütend, wird auch das Pferd nicht friedlich sein. Sie haben keine Freude an Ihrer Arbeit, dann wird auch Ihr Pferd die Arbeit verweigern und keine Freude zeigen. In diesem Fall sollten Sie sich überlegen, wie Sie es für sich selbst stimmig machen können. Die Pferde halten uns den Spiegel vor und sagen: »So, wie es mir geht, so geht es auch dir. Schau doch einmal genauer hin.«

Genauso können natürlich auch Dinge in umgekehrter Weise angezeigt werden. Das Pferd zeigt Lebensfreude, und der Mensch ist deprimiert. Das Tier signalisiert: »Nimm dir ein Beispiel an mir. Lebe, und freue dich.«

Allerdings bin ich mir sicher, dass sich über kurz oder lang auch der emotionale Zustand des Tieres dem unseren anpassen und sich ins Negative verändern wird, wenn uns ein positiver Spiegel nicht auffällt.

Kommen wir zurück zu unserem Beispiel. Warum lebte das Pferd in diesem feinen Stall? Weil die Menschen im Umfeld seiner Besitzerin dies erwarteten oder weil der gesellschaftliche Status dies verlangte? Wenn man nicht hinter diesem ganzen Schnickschnack steht, dann wird sich auch unser Tier nicht damit anfreunden. Wenn wir keinen Wert auf Luxus legen, dann wird es auch unser Tier nicht tun. Jetzt im neuen, nicht so feinen, aber dafür lebendigeren Stall, zeigt das Tier meiner Klientin: Ist das Heim, wie es einem gefällt, dann ist man richtig glücklich. So durfte sie erkennen, dass sie selbst nicht das lebt, was sie eigentlich für sich möchte. Angefangen bei der Einrichtung des Zuhauses. Authentisch sein bedeutet, die eigene Überzeugung und die eigenen Wünsche zu leben. Sich mit dem, was man lebt oder tut, identifizieren zu können. Sind Sie authentisch?

Ein ganz anderes Beispiel, welches aber ebenfalls mit Authentizität zu tun hat, ist folgende Situation. Sie arbeiten mit Ihrem Pferd, und bringen Ihrem Liebling etwas bei. Das Tier ist super motiviert, und alles gelingt. Sie selbst sind entspannt, zentriert und fokussieren sich ausschließlich auf Ihren Tierfreund. Kurz darauf kommen Menschen aus dem Stall, die Ihnen bei der Arbeit zuschauen. Sie fühlen sich beobachtet und machen die Übungen nicht mehr mit dem Herzen, sondern so, wie die anderen Menschen es von Ihnen erwarten. Sie möchten es besonders gut machen, eben richtig. Ihr Pferd reagiert sofort. Es hört auf, schön zu laufen und verweigert jeden Gehorsam. Sie merken, wie Wut aufkommt und innerliche Verzweiflung. Nach dem Motto: Warum gerade jetzt?!

In solch einem Augenblick sind Sie nicht bei sich. Sie sind nicht authentisch, denn Sie führen die Übung nicht so aus, wie Sie es selbst für richtig erachten. Wirklich authentisch wäre hier, die Übung so zu machen, wie Sie es selbst für Ihren Pferdefreund erfühlen, und nicht, wie andere das sehen oder es als richtig erachten. Pferde sind hochsensible Wesen, denen man rein gar nichts vormachen kann. Sie erkennen, wer man selbst ist und ob man das, was man nach außen sagt, auch wirklich tut. Sie folgen uns nicht, weil wir es möchten. Sie können sehr stur sein, und wenn sie nicht wollen, dann wollen sie eben nicht. Nur mit roher Gewalt ist es dann vielleicht noch möglich, dem Pferd seinen eigenen Willen aufzuzwingen, aber mit Liebe und einer Beziehung hat das dann nichts zu tun. Pferde folgen uns aus freien Stücken und zwar dann, wenn Authentizität gelebt wird.

 Authentizität ist für unser gesamtes Leben angebracht.

Jeder sollte authentisch leben, doch nur wenigen gelingt es. Handeln Sie wirklich so, wie Sie fühlen, oder tun Sie manche Dinge nur, weil man sie von Ihnen erwartet? Auch hier darf nicht nur auf die Tier-Mensch-Beziehung geschaut werden. Nein, dies gilt wieder für alle Lebensbereiche.

 *Wo verbiegen Sie sich? In welchen Bereichen leben Sie nicht Ihre Überzeugungen? Warum leben Sie diese nicht?*

Wir richten uns in der Regel nach anderen, wenn wir kein Selbstbewusstsein haben, wenn wir Angst vor dem Versagen empfinden oder wenn wir nach Lob und Anerkennung schmachten. Doch wir leben dann nicht unser Leben, sondern das einer anderen Person.

Was kann man tun, um sein eigenes Leben authentisch zu leben?

Die Tiere zeigen es uns tagein, tagaus. Sei einfach DU. Bleibe bei dir selbst und tue, was das Herz dir sagt. In meinen Ausbildungen höre ich immer mal wieder: »Du bist so erfolgreich, und du hast schon so viel erreicht. Das möchte ich auch alles können.«

Das ist schön, und es ehrt mich, aber in meinem Leben ist auch nicht alles super. Auch ich habe meine Themen, meine Erfahrungen, die ich machen darf, und auch ich gehe durch tiefe emotionale Täler. Aber es ist mein Leben. Ich mache mein Glück nicht von anderen abhängig, ich versuche, es in mir selbst zu erzeugen. Natürlich freue ich mich über einen Blumenstrauß, und er macht mich auch für kurze Zeit glücklich, doch wahres Glück finde ich nur in mir selbst. Es hat eine Weile gedauert, bis ich erkannt habe, dass weder mein Partner noch meine Familie für mein eigenes Glück die Verantwortung tragen, sondern dass nur ich es bin, die das tut. Meine Arbeit war mir zugegebenerweise hierbei eine große

Hilfe, denn mit der Liebe zu meinem Job ist das Glück von ganz alleine gekommen.

Wenn also jemand zu mir sagt »Ich möchte auch so sein wie du«, dann antworte ich stets: »Sei du selbst. Sei, wer du bist, und nicht der, der du sein möchtest oder denkst, sein zu müssen, um Erfolg zu haben.«

Man kann sich an anderen Menschen orientieren, sich von ihnen inspirieren lassen, doch etwas zu tun, weil man vielleicht den vermeintlichen Erfolg haben möchte, doch gar nicht hinter der Sache steht, das funktioniert niemals. Über kurz oder lang wird der Erfolg einfach ausbleiben. Leben Sie das, was Sie lieben, und lieben Sie das, was Sie tun. Dann sind Sie authentisch. Das bedeutet aber auch, in manchen Fällen Nein zu sagen, weil es sich nicht richtig anfühlt, auch wenn man eine andere Person vielleicht damit kränkt oder diese verletzen könnte. Es geht nur um uns selbst, und das hat nichts mit Egoismus zu tun, auch wenn uns das in unserer Kindheit anders beigebracht wurde. Vielen Menschen fällt es nicht leicht, Nein zu sagen, darum lassen sie sich oftmals zu Dingen verleiten, die sie gar nicht wollen. Ich sehe das ja an mir selbst. Auch ich beobachte, dass ich es vielen recht machen möchte, doch auch das funktioniert auf Dauer nicht. Es geht nicht um die anderen und auch, wenn ich das, was ich tue, mit Leidenschaft mache und deswegen, weil ich denke, dass es dem göttlichen Plan entspricht, so muss ich mich nicht dafür aufopfern. Das erwartet niemand, doch ich selbst denke das oft. Darum ist es wichtig, klare Grenzen zu ziehen und das, was man möchte, auch ganz klar auszusprechen. Da kann es schon einmal vorkommen, dass man einen vereinbarten Termin absagt, da es für den Moment nicht stimmig ist und man im Nachhinein entscheidet, es doch lieber nicht zu tun. Das ist dann völlig in Ordnung. Das ist Authentizität, und die fordern unsere Tiere ein.

Ein ganz anderes Beispiel, das aber auch mit Authentizität zu tun hat, hat mir Beate F. geschenkt. Es ist ihre eigene Geschichte, und sie hat mir erlaubt, diese hier wiederzugeben, damit sie dem ein oder anderen vielleicht weiterhilft.

Ich arbeitete sehr erfolgreich im Finanzsektor, genauer gesagt beim einzigen großen Devisenmakler Deutschlands. Es war ein schmutziges Geschäft, das viele Menschen in den Ruin trieb. Ich wusste das damals schon, aber ich wollte es nicht sehen. Meine Seele sagte mir, ich muss da raus, aber das Geld war sehr verlockend. Als ich so weit war, dass ich meinen Job kündigte, hatte ich scheinbar nur zwei Alternativen – dem selben Geschäft entweder bei Bank A oder Bank B weiter nachzugehen. Kurz bevor ich mich für einen Vertrag entscheiden konnte, hatte ich einen schweren Unfall mit einem Pferd.

Es war nicht mein eigenes Pferd, ich hatte es für ein damals 15-jähriges Mädchen mit teilweise sehr rüden Methoden »parat« gemacht, damit sie es überhaupt reiten konnte. Ich war ja damals jung und stark, unverwundbar – und ich hatte das technische Knowhow. Dieses Pferd hat mir das dann an einem sonnigen Vormittag mit etlichen Bucklern im Renngalopp vergolten. Immerhin hat es mich erst nach dem sechsten oder siebten abgeworfen. Die Folge war eine Wirbelfraktur, die mich neun Monate außer Gefecht

155

setzte und die anfangs sehr schmerzhaft war. So hatte ich meinen alten Job gekündigt und konnte den neuen nicht antreten. Aus heutiger Sicht bin ich dem Pferd dafür sehr dankbar.

Meine Haltung war damals nicht ehrlich und bei Weitem nicht so aufrecht, wie ich mir das selbst gerne vorgemacht hatte. Das hat mir am entscheidenden Wendepunkt, der neuen beruflichen Richtung, das »Rückgrat gebrochen«. In den folgenden neun Monaten hatte ich genügend Zeit, meine neue Situation zu überdenken, um ihr eine konstruktive Richtung zu geben. Es war ein langer Weg, der mich zwar nicht sofort radikal, aber am Ende doch weit von den Finanzen weggeführt hat. Heute gehe ich meiner ursprünglichen Berufung nach, mit Tieren zu arbeiten.

Schaut man sich diese Geschichte an, wird deutlich, dass das Pferd ganz klar aufzeigte, dass der Weg, den man zu gehen beabsichtigte, wieder nicht der richtige war. Das Herz hatte es vielleicht zu diesem Zeitpunkt schon gewusst, aber das Ego wollte etwas anderes. Man lässt sich ja durchaus von Geld und Erfolg leiten, ohne darauf zu hören, ob es wirklich das ist, was man für sich selbst will und braucht. Hinter diesen Verhaltensweisen stecken natürlich wieder Angst und Furcht vor einer unbekannten Zukunft. Ich denke, dass uns unsere Ängste oftmals daran hindern, unsere Seelenbestimmung zu leben. Vielleicht fragen Sie sich jetzt, wie man die Seelenbestimmung überhaupt finden kann oder woher man seine Seelenbestimmung kennt? Die einzige Antwort, die mir darauf einfällt, ist diejenige, die ich schon zuvor erwähnte:

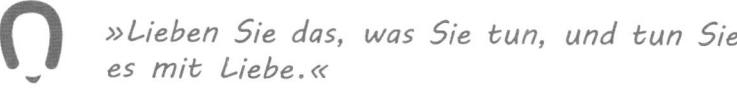 *»Lieben Sie das, was Sie tun, und tun Sie es mit Liebe.«*

Sofern Sie dies nicht von sich sagen können, machen Sie nicht das, was Ihre Seele sich für Sie wünscht bzw. was Sie sich für sich selbst wünschen. Das, was wir tief in uns spüren, sollte auch in irgendeiner Form gelebt werden.

Nicht immer hat ein Sturz vom Pferd aber etwas mit Authentizität zu tun. Manchmal soll uns so ein Unfall zum Stillstand bringen. Gerade dann, wenn wir üblicherweise ständig durchs Leben hetzen und nach dem Motto leben: »Ich mache das mal schnell.« Wenn Termine sich an Termine reihen, wenn wir alles auf einmal erreichen wollen, vor Ideen überschwappen, immer dann zeigt das Leben uns ein Stoppzeichen. In diesem Fall sind diese Stoppzeichen unsere Pferde oder unsere Hunde. Ich selbst bin schon mehrmals von meiner Hündin umgerissen worden und gestürzt – und zwar immer dann, wenn ich nur noch in Gedanken lebte, alles, was noch in der Zukunft lag, jetzt schon erfüllt haben wollte. Immer dann also, wenn ich nicht in meiner Mitte war. Ein Sturz vom Pferd ist bei Weitem schmerzhafter, und er kann auch gefährlicher sein, doch die Botschaft ist die gleiche.

Wenn Sie also vom Pferd fallen, dann stellen Sie sich die Frage: Bin ich authentisch? Bin ich in meiner Mitte? Bin ich zu schnell unterwegs? Möchte ich zu viel auf einmal? Mithilfe dieser Fragen können Sie herausfinden, was genau Ihr Spiegelthema ist.

Pferde sind absolut authentisch. Die eigenen Emotionen einfach nur zu unterdrücken, funktioniert bei Pferden nicht.

Wenn man sich bei der Arbeit geärgert hat und diesen Frust mit zu seinem Pferdefreund bringt, wird er ganz bestimmt nicht das tun, was man von ihm erwartet. Pferde reagieren auf jedes emotionale Ungleichgewicht, und sobald wir versuchen, ein freundliches Gesicht aufzusetzen, innerlich jedoch vor Wut schäumen, wird das Pferd, so wie jedes andere Tiere auch, dies erkennen. Es wird sich Ihnen in diesem Moment sicherlich nicht freundlich zeigen, sondern bockig und aufmüpfig. Sobald Sie Ihrem Tier aber erzählen, was passiert ist, und die Emotion auch aussprechen, wird es wieder ganz normal sein. Probieren Sie es doch einfach aus.

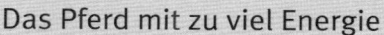

Spiegelthema
Ängste und Unsicherheiten

Das Pferd mit zu viel Energie

Mehrmals habe ich schon erwähnt, dass die Themen gar nicht so strikt auseinandergehalten werden können, weil sich hinter jedem Thema noch andere Emotionen, wie zum Beispiel Ängste und Unsicherheiten, verstecken können. So dürfen wir zuerst das Hauptthema erkennen und bearbeiten, um dann noch tiefer zu blicken. Was sind die Auslöser bzw. die Gründe für unser Verhalten?

Sitze ich auf einem Pferd, dem ich nicht zu hundert Prozent vertraue, wird das Pferd auch mir als Reiter nicht vertrauen. Es wird die Anforderungen nur bis zu einem gewissen Punkt erfüllen und dann zurückgehen. Unsicherheiten und Ängste zeigen sich bei Pferden, indem sie entweder an bestimmten Dingen nicht vorbeigehen oder hier sehr unsicher und gestresst reagieren. Meistens sind es die eigenen Unzulänglichkeiten, die wir auf das Tier übertragen. Ich möchte noch einmal betonen, dass dies nichts mit dem Traktor oder dem Besen zu tun haben muss, der für unser Tier ein Hindernis darstellt, auch wenn Sie bei solchen Hindernissen vielleicht schon vorab denken: »Mensch, jetzt wird es gleich wieder herumzicken.« Die Unsicherheiten finden wir auch in ganz anderen Lebenssituationen bei uns selbst. Das können auch scheinbar vollkommen banale Dinge sein wie eine gewisse Unentschlossenheit beim Einkauf, oder sich ständig bei allem zu fragen: Tue ich jetzt dies oder jenes? Immer dann, wenn wir anfangen, alles zu hinterfragen, handeln wir nicht aus dem Vertrauen heraus, sondern aus Unsicherheit und Angst.

Gerade wurde mir eine Geschichte von einem Pferd erzählt, das, sobald es an einem neuen Ort ist, zum Beispiel auf Lehrgängen, nach einiger Zeit total aktiv wird. Es wird unruhig und erweckt das Gefühl, dass es unbedingt etwas tun möchte. Es wirkt, als wäre es zu aktiv. Die Frage, ob die Pferdefreundin unsicher in neuen Situationen ist, wurde bejaht. Nicht immer liegt hinter einem Bewegungsdrang auch der wirkliche Wunsch etwas zu tun. Manchmal versuchen sich die Pferde durch die Bewegung abzulenken. Sie stellen sich nicht dem Gefühl der Unsicherheit, sondern verfallen in Aktivität. Ganz oft wird dieses Verhalten falsch gedeutet. Die Menschen denken, dem Tier wäre langweilig und es möchte gefordert werden. Doch eigentlich möchte es nur von den eigenen Ängsten ablenken. Sofern Sie selbst öfter in solchen Situationen mit ihrem Pferd sind, können Sie einmal nachspüren, ob Ihr Tier tatsächlich solch einen starken Bewegungsdrang verspürt oder ob es nicht doch der Spiegel für Ihre eigene Unsicherheit und Angst ist, die sich hier bemerkbar machen.

Besagtes Pferd zeigt dieses Verhalten auch im Alltag. Es ist schwer zu bändigen und tritt mit zu viel Energie auf. Manch einer könnte jetzt berechtigterweise sagen: »Dann liegt es ja doch nicht an der Unsicherheit und Angst.« Na ja, es könnten ja weitere Unsicherheiten vorliegen, die nichts mit dem Tier zu tun haben, oder ein weiteres Problem kommt dazu, in diesem Fall die eigene innere Unruhe des Besitzers oder der Besitzerin.

Sie sollten sich an dieser Stelle fragen:

☊ *Bin ich entspannt?*

☊ *Bin ich innerlich ruhig?*

☊ *Bin ich ganz bei mir?*

☊ *Habe ich Ruhe und Zeit mitgebracht?*

Sofern Sie diese Fragen mit »Nein« beantworten, dürfen Sie sich nicht wundern, wenn Ihr Pferd ausflippt. Die Energien die Sie mit sich herumschleppen, übertragen sich 1:1 auf Ihr sensibles Tier. Sie können an Ihrem Pferd Ihr eigenes Stimmungsbarometer ablesen. Sie sehen, ob Sie zu viel Energie in sich tragen oder nicht.

Ihr Pferd möchte Ihnen in diesem Fall mitteilen, dass Sie ruhig sein dürfen, dass Sie erst einmal ankommen und das Atmen nicht vergessen sollen. Die geballte und gestaute Energie trifft vollständig auf das Pferd, welches diese mit seinem Verhalten nach außen projiziert. Es passt sich Ihrer eigenen Stimmung an.

Innerlich ruhig werden können Sie ganz schnell, wenn Sie die Augen schließen und zehn Mal durch die Nase tief einatmen und durch den Mund ausatmen. Konzentrieren Sie sich einfach auf Ihren Atem, und Sie werden bemerken, dass Sie ganz schnell ruhiger werden. Sofern noch belastende Gedanken vorhanden sind, hüllen Sie diese mithilfe Ihrer Vorstellungskraft in eine Wolke, und lassen Sie diese ziehen. Tun Sie all dies, bevor Sie in den Stall zu Ihrem Pferd fahren. Sie können auch eine Runde um den Stall laufen, um den Kopf freizubekommen. Auch das hilft uns dabei, bei uns anzukommen und das unruhige Gefühl loszuwerden.

Es gibt viele Meditationen und Übungen, die uns helfen, die eigene Mitte zu finden, das eigene Zentrum, unseren inneren Tempel, der uns in hektischen Zeiten Erholung und Ruhe spendet. Die Tieressenz »Leopardenruhe« könnte ebenfalls helfen.

Spiegelthema Erfolgsdruck

Pferde, die bei Wettkämpfen versagen
Pferde, die vermeintlich nicht genug lernen können

Wenn es um Erfolgsdruck geht, gibt es zwei verschiedene Varianten. Zum einen die Variante, in der das Pferd mehr und mehr fordert. Es ist nicht zu bremsen, man hat das Gefühl, es möchte immer mehr lernen, und wenn es dann schon alles perfekt gemacht hat, dann ist es immer noch nicht genug. Diese Pferde haben einen immensen Drang, sich zu bewegen und zu arbeiten. Sie haben eine nicht enden wollende Energie. Der Halter versucht alles, doch sein Pferd wird nicht müde, und so arbeiten sie mehr und mehr. Härter und härter. Hinter diesem Verhalten versteckt sich meistens der eigene Perfektionismus, den das Pferd zum Ausdruck bringt. Es stört aber irgendwann, dass das Pferd nicht genug bekommen kann und auch nach einem harten Training noch wild in der Gegend herumläuft. Wenn wir selbst alles perfekt machen möchten und auch einen fast schon ungesunden Drang nach Erfolg haben, braucht es nicht zu verwundern, dass das Tier uns hier genau unsere eigene Denkweise widerspiegelt. Das Tier macht in diesem Fall genau das Gleiche wie wir. Es möchte immer besser werden. Der Wille zu gefallen, ist ebenfalls nicht mehr »gesund«.

Es gibt ehrgeizige Tiere und ehrgeizige Menschen, doch auch Ehrgeiz sollte im richtigen Maß gelebt werden. Sollte es irgendwann an die Substanz des Tieres gehen – und das passiert früher oder später –, dann ist das nicht mehr in Ordnung.

Das äußert sich in der Regel so, dass sich die Tiere an den Beinen verletzen und pausieren müssen. Ebenso verhält es sich bei uns Menschen. Auch hier ist der Drang nach Erfolg im übertriebenen Maße früher oder später gesundheitsschädlich. Wenn die Botschaft des Pferdes nicht verstanden wird, kommt es oft dazu, dass auch wir uns so verletzen, dass wir eine Pause einlegen müssen.

Das genaue Gegenteil zeigt sich, wenn ein Pferd zum Beispiel bei Turnieren versagt. Es kann in heimischer Umgebung alles perfekt, doch bei den Wettkämpfen bleibt es stehen, bockt oder verweigert die Aufgabe. Dies hat in den meisten Fällen den Hintergrund, dass die Menschen es übertrieben haben und der Erfolgsdruck zu groß ist. Auch die unbewusste Versagensangst der Menschen spielt hier mit hinein. Hier möchten die Pferdehalter den anderen Menschen etwas beweisen.

Die Pferde vermitteln mit ihrem Verhalten aber nur: »Der Erfolg ist nicht wichtig. Spaß und Freude sollten der Grund für unsere Aktivität sein.« In diesen Fällen hat der Mensch oftmals den Kern des Pferdesports aus den Augen verloren. Es geht nur noch um Ruhm und gute Platzierungen. Sollte Ihr Pferd auch bei Turnieren versagen, könnte es zum einen an Ihrer eigenen Angst des Versagens liegen, oder der krampfhafte Wille zu gewinnen, ist so stark, dass das Pferd ihn als unerträglichen Druck empfindet. In beiden Fällen gilt es, die Verhaltensmuster zu betrachten und zu verändern. Sofern wir selbst wieder Spaß an der Arbeit mit dem Tier zeigen und der Erfolg an zweiter Stelle steht, wird auch unser Tierfreund wieder Lust und Freude am Wettkampf erlangen. Ich möchte es natürlich nicht grundsätzlich schlechtreden, bei einem Turnier gewinnen zu wollen, doch es sollte alles im Einverständnis mit dem Tier geschehen.

Spiegelthema eingeengt sein, Freiheit

Pferde, die sich nicht festbinden lassen
oder die keine Bedrängnis wünschen
Pferde, die Sattel und Decke nicht festgeschnallt
haben möchten

Über Freiheit habe ich in diesem Buch schon einmal gesprochen. Auch bei den Pferden ist dieses Thema zu finden. Kein Wunder, wenn man bedenkt, dass die Pferde früher in wilden Herden durch die Lande galoppiert sind. Obwohl die meisten Tiere heutzutage gezüchtet sind und keiner Wildherde entstammen, ist ihr Ursprung trotz allem in ihrem Zellgedächtnis gespeichert. Ich selbst habe erlebt, wie mein Pferdefreund ausflippt, sobald man ihn festbindet oder einengt. Ich denke, dass dieses Gefühl der Bedrängnis ganz besonders schlimm für ihn ist. Auf der einen Seite schiebe ich es seiner Vergangenheit zu, in der er fürchterlich gequält und geschunden wurde. Auf der anderen Seite spiegelt er aber auch den Freiheitsdrang meines Mannes, der tief in seinem Inneren verborgen ist. Ich selbst bin noch nicht einmal darauf gekommen, doch ein Gespräch zu diesem Thema hat mir diese Erkenntnis auch in Bezug auf meinen Icaré gebracht.

Es ist die Geschichte der Stute Stina, die es nicht leiden kann, dass man die Decke auf ihrem Rücken festbindet. Für das Pferd ist es absolut okay, wenn die Decke auf dem Rü-

166

cken liegt, aber sobald man sie festbinden möchte, flippt sie aus. Stina steigt in die Höhe und reißt sich los. Ebenso verhält sie sich, wenn die Hufe bearbeitet werden und das Bein zwischen den Beinen des Hufschmiedes eingeklemmt wird. Solange es einfach nur leicht festgehalten wird, ist alles kein Problem, doch wenn es zum Festklammern kommt, dreht das Tier durch. Stinas Menschenfreundin erzählte mir, dass sie auch so ist. Sie sagte zu mir, dass sie es überhaupt nicht leiden könne, wenn man sie bedrängt oder jemand ständig klammert. Sie würde ihren Freiraum und ihre Freiheit brauchen.

Mit einem Mal war mir auch das Verhalten meines Pferdes klar, denn es spiegelte in jedem Fall meinen Mann wider.

Egal, ob es der Drang nach Unabhängigkeit oder das Unbehagen ist, wenn es festgehalten wird, die Essenz ist die Gleiche. Das Pferd zeigt in diesem Fall unsere geheimen Wünsche oder eben Verhaltensweisen, die wir selbst an den Tag legen.

Ob man diese verändert oder nicht, liegt einzig und allein daran, ob das Verhalten des Tieres für einen selbst störend ist oder nicht. Sofern es einem nichts ausmacht, dass die Decke nur aufliegt und nicht festgeschnallt ist oder der Huf nur mit der Hand gehalten, anstatt zwischen die Beine geklemmt wird, braucht man daran nichts zu verändern.

 Sollte es aber störend und nervig sein, muss am eigenen Verhalten gearbeitet werden.

Nicht zu viel Nähe zulassen zu können, weil wir uns sonst eingeengt fühlen, kann viele Ursachen haben. Es könnte zum einen daran liegen, dass man es nie gelernt hat, weil man in einem Elternhaus aufgewachsen ist, in dem Nähe nicht zum Familienleben dazugehörte, oder weil man irgendwann im Leben mit Liebe und Fürsorge erdrückt wurde. In extremen Fällen können diese Gefühle sowohl bei dem Pferd als auch bei dem Menschen Panikattacken auslösen. Je nachdem, wie belastend die Situation ist, könnte hier nach dem Auslöser des Ereignisses geforscht und dann durch Zwiesprache und Vergebung die Situation geheilt werden. Verfahren Sie wie auf Seite 143 beschrieben, und finden Sie die Ursache des Problems.

In jedem Fall ist die Parallele zwischen Pferd und Halter sichtbar. Mir hat das Verhalten meines Pferdes Icaré bewusst gemacht, dass es nur die Emotionen seines Menschen aufzeigt.

Schlusswort

Ich wünsche mir, dass ich Ihnen mit diesem Buch eine andere Sichtweise auf die Problematiken mit Ihrem Tier geben konnte. Natürlich gibt es noch viel mehr Situationen, Gegebenheiten und Tierarten, die man hätte aufführen können, die Verhaltensmuster ähneln sich jedoch sehr. So habe ich die Probleme ausgewählt, die mir aufgrund meiner Tätigkeit immer wieder aufgefallen sind und die sich in ihrer Anzahl häufen. Ich hoffe, dass auch Ihre Thematik angesprochen wurde und Sie so für sich und Ihr Tier eine Lösung finden konnten. Alle anderen Situationen und Problematiken enthalten im Kern eines der Haupt- oder Nebenthemen, die Sie natürlich auf jedes Tier anwenden können. Kurz sei noch erwähnt, dass Tiere, die bereits einen Vorbesitzer hatten und schon mit Verhaltensauffälligkeiten zu uns kommen, trotzdem auch unser Spiegel sein können. Sollten Sie einem Tier aus dem Tierschutz ein Zuhause geschenkt haben, kann es aber durchaus sein, dass die Verhaltensweise mit einem erlebten Trauma zu tun hat. Sofern sich nach einer gewissen Zeit nichts verändert, ist die Wahrscheinlichkeit eines Spiegelthemas enorm groß.

Sollten Sie nicht darauf kommen, was Ihr Tier Ihnen sagen möchte, dann fragen Sie doch einfach Freunde und Bekannte, denn oftmals fällt es uns schwer, den kritischen Blick auch bei uns selbst anzuwenden. Dinge, die ganz nah sind, sind für uns oft besonders schwer zu erkennen. Und nicht immer möchten wir hören, was uns gesagt wird, denn wer lässt sich schon gerne kritisieren? Meistens ist es allerdings gar keine Kritik, sondern eine Hilfestellung, die uns andere Menschen anbieten. Wie ich schon zu Beginn erwähnt habe: Je mehr man sich wehrt oder auf Abwehr geht, desto wahrscheinlicher ist es, dass genau der Nagel auf den Kopf getroffen wurde. Bevor man das Phänomen des Spiegelns als Unsinn abtut, wäre es wirklich ratsam, kurz innezuhalten, nachzuspüren und dann dementsprechend zu handeln.

Es geht letztlich nicht um unser Ego, das uns oft weismacht, dass wir die Krönung der Schöpfung sind. Es geht vielmehr darum, unser ganzes Potenzial zu entwickeln, es nach außen zu tragen und allen Menschen unsere wahre Identität zu zeigen. Das »falsche« Bild kommt in der Regel nicht gut an, und jeder der ein bisschen Feingefühl besitzt, weiß auch, dass hinter der Fassade etwas ganz anderes verborgen ist.

Etwas anzunehmen, ist meistens nicht einfach – ich spreche hier aus eigener Erfahrung. Ganz oft schon habe ich mich zuerst gegen gut gemeinte Denkanstöße gewehrt, sie jedoch nicht in eine Schublade gesteckt und verschlossen. Ich habe gelernt, sie wirken zu lassen und dem dazugehörigen Gefühl Raum zu geben. Vor allen Dingen dann, wenn ich mich extrem gegen den Vorwurf gewehrt habe.

Die Zeit des Versteckens und Nicht-Annehmens ist aber zunehmend vorbei, und als Tierliebhaber sollten wir nun auch anfangen, die Verantwortung für unser Leben zu übernehmen. Wir dürfen die Tiere aus ihrer selbst auferlegten Aufopferung uns gegenüber entlassen. Niemand möchte schließlich, dass das Tier sein eigenes Leben nicht leben kann, nur weil wir nicht bereit sind, unsere Ängste aufzugeben und dem Tier den nötigen Freiraum für die eigene Persönlichkeitsentwicklung zu gewähren. Ich weiß, es ist nicht einfach und auch wenn meine Safi von ihrer selbstauferlegten Verpflichtung uns gegenüber freigesprochen wurde, so zeigt sie dennoch, was bei uns nicht rundläuft. Anders als früher bin ich aber jetzt bereit, sofort zu handeln und dementsprechend zu agieren. Nur so kann ein harmonisches Miteinander auf Dauer möglich sein.

Ich möchte auf keinen Fall belehren oder besserwisserisch klingen, denn auch in meinem Leben gibt es Höhen und Tiefen, Missverständnisse und emotionale Ungleichgewichte. Ich möchte auch niemandem zu nahetreten oder jemanden kritisieren. Ich bin nun wirklich nicht allwissend, und alles, was Sie in diesem Buch gelesen haben, beruht auf meinen persönlichen Erfahrungen und Beobachtungen. Es müssen nicht die ihrigen sein. Wenn Sie andere Erfahrungen gemacht haben, dann setzen Sie diese um, denn egal, wie man es dreht oder wendet, der Weg ist das Ziel – und wie wir dort hingelangen, spielt im Grunde keine Rolle.

In diesem Sinne wünsche ich Ihnen eine tolle gemeinsame Zeit mit Ihren Tieren. Nutzen Sie die Möglichkeiten, die sich Ihnen bieten, und haben Sie Freude an dem, was Sie tun. Das wünsche ich Ihnen von Herzen.

Ihre
Beate Seebauer

Danksagung

Wieder einmal ist es so weit. Das Buch ist fertig, und ich bin glücklich und dankbar, dass es so ist. Dieses Buch war eine große Herausforderung für mich, und umso mehr bin ich dankbar, dass ich sie angenommen habe. Das Motto lautet: »Nicht weglaufen, sondern sich den Herausforderungen stellen.«

Danke, liebe Heidi und lieber Markus, dass ihr Vertrauen in mich habt.

Auch meiner Lektorin Sarah danke ich für ihre wertvolle Arbeit – du hast mein Buch noch besser gemacht.

Im Besonderen danke ich allen Menschen und Tieren, die mir ihre Erlaubnis gaben, ihre Geschichten zu erzählen, die mich inspirierten und von denen ich hoffe, dass sie auch für andere hilfreich sein werden. Danke, denn ohne euch wäre dieses Buch niemals zustande gekommen.

Weiterhin möchte ich mich für die guten Ratschläge meiner Autorenkollegin Susanne Hühn bedanken. Du hast mir sehr geholfen, auch wenn dir das vielleicht gar nicht so bewusst ist.

Danke liebe Conny, dass du die letzten Monate immer wieder diese Thematik mit mir durchgegangen bist. Ich hoffe, du hattest ebensolche Erkenntnisse wie ich.

Ganz besonders danke ich auch meiner Hündin Safi, die mir tagtäglich zeigt, wenn etwas in meinem Leben nicht rund läuft. Sie ist mein Spiegel, mein Barometer, und so fällt es mir in der Regel leicht, zu erkennen, wenn ich wieder einmal etwas verändern sollte. Egal, ob ein Gefühl, eine Handlung oder sogar ein ganzes Glaubensmuster. Ich bin dankbar, dass ich so meine Verantwortung für mein Leben übernehmen darf.

Zu guter Letzt möchte ich mich bei Ihnen, liebe Leserinnen und liebe Leser, von Herzen für Ihr Vertrauen, das Sie in mich gesetzt haben, bedanken. Auch wenn wir uns nicht persönlich kennen, so verbindet uns etwas: Die Liebe zu unseren Tieren.

Ich wünsche Ihnen alles, alles Gute.

Von der Autorin erschienen ebenfalls im

Beate Seebauer und Safi
Tierische Herzenswünsche
Safi und ihre Freunde verbinden Mensch und Tier
978-3-8434-1046-5
184 Seiten

»Liebe, Respekt und Toleranz – das sind meine innigsten Wünsche für alles Leben auf der Erde.«

In warmen, eindringlichen Worten, die jedes Herz berühren, erzählt die Hündin Safi, wie Tiere das Zusammenleben mit den Menschen empfinden und wie sie sich ein glückliches Miteinander vorstellen. Sie gibt Antworten auf viele Fragen, die jedem Tierfreund Sorgen bereiten:
Wie kann ich einem kranken Tier am besten helfen? Wohin geht die Seele, wenn das Tier verstorben ist? Wie finde ich mein verschwundenes Tier wieder?
Viele von Safis tierischen Freunden – sei es nun die Delfindame Laila oder das Pferd Icaré – melden sich ebenfalls zu Wort und sprechen für ihre Artgenossen, denn jede Tierart hat ihre ganz eigenen Botschaften, Wünsche und Bedürfnisse, die sie den Menschen mitteilen möchte.

Beate Seebauer ist ausgebildete Heilpraktikerin, Tierheilpraktikerin und Tierkommunikatorin. Als ihr Terrier Fijack erkrankte und sie ihn durch seine Leidenszeit bis zum Tod begleitete, stellte sie erstmals ihre besondere Fähigkeit zur intensiven nonverbalen Kommunikation mit Tieren fest.

Seitdem unterstützt sie Tierhalter dabei, mit ihren Haustieren zu kommunizieren und so das Verhältnis zwischen Mensch und Tier zu einer Beziehung zwischen gleichwertigen Partnern zu machen. Zudem bietet sie Seminare und Kurse in Tierkommunikation und Tierheilkunde an.

Weitere Informationen unter: www.tiertalk.de